Gerenciando vendas

10 LEITURAS ESSENCIAIS
Harvard Business Review

Gerenciando vendas

Artigos fundamentais da **Harvard Business Review** para liderar sua equipe e alavancar seus resultados

SEXTANTE

Título original: *HBR's 10 Must Reads: On Sales*

Copyright © 2017 por Harvard Business School Publishing Corporation
Copyright da tradução © 2021 por GMT Editores Ltda.

Publicado mediante acordo com Harvard Business Review Press.
Todos os direitos reservados. Nenhuma parte deste livro pode ser utilizada ou reproduzida sob quaisquer meios existentes sem autorização por escrito dos editores.

tradução
Marcelo Schild Arlin

preparo de originais
Juliana Souza

revisão
Luis Américo Costa e Rayana Faria

adaptação de projeto gráfico e diagramação
DTPhoenix Editorial

capa
Duat Design

impressão e acabamento
Geográfica e Editora Ltda.

CIP-BRASIL. CATALOGAÇÃO NA PUBLICAÇÃO
SINDICATO NACIONAL DOS EDITORES DE LIVROS, RJ

G317

Gerenciando vendas / Thomas V. Bonoma ... [et al.] ; [tradução Marcelo Schild]. - 1. ed. - Rio de Janeiro : Sextante, 2021.
192 p. ; 23 cm. (Harvard: 10 leituras essenciais)

Tradução de: HBR's 10 must reads : on sales
ISBN 978-65-5564-146-2

1. Vendas - Administração. 2. Sucesso nos negócios. I. Bonoma, Thomas V. II. Schild, Marcelo. III. Série.

21-69637

CDD: 658.81
CDU: 658.811

Meri Gleice Rodrigues de Souza - Bibliotecária - CRB-7/6439

Todos os direitos reservados, no Brasil, por
GMT Editores Ltda.
Rua Voluntários da Pátria, 45 – Gr. 1.404 – Botafogo
22270-000 – Rio de Janeiro – RJ
Tel.: (21) 2538-4100 – Fax: (21) 2286-9244
E-mail: atendimento@sextante.com.br
www.sextante.com.br

Sumário

1. Vendas grandes: quem *realmente* faz as compras? — 7
   Thomas V. Bonoma

2. Acabando com a guerra entre vendas e marketing — 29
   Philip Kotler, Neil Rackham e Suj Krishnaswamy

3. Equipare a estrutura da sua equipe de vendas com o ciclo de vida do seu negócio — 51
   Andris A. Zoltners, Prabhakant Sinha e Sally E. Lorimer

4. O fim das vendas de soluções — 74
   Brent Adamson, Matthew Dixon e Nicholas Toman

5. Vendendo para micromercados — 91
   Manish Goyal, Maryanne Q. Hancock e Homayoun Hatami

6. Desmontando a máquina de vendas — 109
   Brent Adamson, Matthew Dixon e Nicholas Toman

7. Vendendo por desempate — 124
   James C. Anderson, James A. Narus e Marc Wouters

8. Fazendo a venda de consenso — 137
   Karl Schmidt, Brent Adamson e Anna Bird

9. O jeito certo de usar compensações 151
   Mark Roberge

10. Como *realmente* motivar vendedores 162
    Doug J. Chung

    BÔNUS
    Indo além do "Só faço por dinheiro" 175
    Uma entrevista com Andris Zoltners por Daniel McGinn

Autores 183

1

Vendas grandes

Quem *realmente* faz as compras?
Thomas V. Bonoma

> *Você não está entendendo: Willy é um vendedor... Ele não sabe o básico. Ele não lhe diz qual é a lei ou indica remédios. Ele é um homem lá fora na rua, caminhando com um sorriso e sapatos engraxados. E quando começam a não sorrir de volta... é como um terremoto.*
>
> — Arthur Miller, *A morte de um caixeiro-viajante*

OS ESFORÇOS DE VENDAS DE MUITAS EMPRESAS são modelos de eficiência em marketing. Planos de contas são cuidadosamente elaborados, as contas principais recebem atenção especial da gerência e recursos substanciais são dedicados ao processo de vendas, da prospecção de clientes ao serviço de pós-venda. No entanto, com frequência até mesmo as estratégias de vendas muito bem planejadas e executadas fracassam, porque a gerência não tem um entendimento completo da psicologia das compras – o lado humano de vender. Considere os dois exemplos a seguir:

- Uma fabricante e vendedora de computadores gráficos sofisticados que vinha experimentando um rápido crescimento encontrava dificuldades para vender para grandes clientes em potencial. Contrária à prática da indústria de cotar preços de tabela altos e dar grandes descontos para usuários que comprassem em quantidade, essa companhia oferecia preços de 10% a 15% mais baixos do que os concorrentes e dava descontos menores. Ainda que frequentemente seu preço líquido fosse o mais baixo, a companhia enfrentava resistência dos compradores. O motivo, a gerência descobriu mais tarde, era que os compradores avaliavam a si mesmos e eram avaliados por seus superiores menos pelo preço líquido dos computadores sofisticados do que pela quantia deduzida do preço durante as negociações. O desconto tinha uma importância para os compradores que uma lógica sensata de definição de preços não podia prever.

- Vários anos atrás, na Divisão de Linhas de Longa Distância da AT&T, um gerente de contas estava competindo por uma conta importante com um vendedor que possivelmente oferecia uma tecnologia melhor. O cliente em questão desejava sair da operadora Bell e, entre os executivos dele que poderiam tomar a decisão final, estavam: um gerente de telecomunicações que já tinha sido funcionário da Bell; um vice-presidente de processamento de dados que era conhecido em seu trabalho anterior como um "supercomprador de sistemas", porque tinha substituído todos os computadores da IBM por máquinas de outros vendedores; e um agressivo gerente da divisão de telecomunicações que parecia inacessível para a equipe da AT&T.

O jovem gerente de contas nacionais da AT&T estava quase paralisado pela ameaça. Sua equipe nunca tinha levado em conta o poder, as motivações ou as percepções dos vários executivos na empresa do cliente, a qual vinha comprando da AT&T havia muitos anos. Sem essa análise e sem uma ação coordenada e eficiente a curto prazo – o tempo habitual para reagir à ameaça da concorrência –, o jovem gerente não conseguiria nada.

Abordando os fatores humanos

Como a psicologia pode ser usada para incrementar a eficiência das vendas? Penso que a consciência do vendedor e a atenção aos fatores humanos

Em resumo

Quando um comprador não é de fato um comprador? Como o melhor produto pelo preço mais baixo pode afugentar clientes? Existem líderes anônimos que tomam as reais decisões de compra? Como essas perguntas indicam, a realidade de comprar e vender muitas vezes não é o que parece. Além disso, vendedores com frequência negligenciam os fatores psicológicos e emocionais, que desempenham um papel importantíssimo no processo de compra e venda. Quando não observa com atenção esses aspectos menos tangíveis do ato de vender, uma pessoa pode perder vendas sem entender o motivo.

Neste artigo, publicado pela primeira vez em 1982, Bonoma cria um procedimento para analisar decisões de compra e ensina vendedores a executá-lo em situações específicas. O método criado inclui os seguintes passos:

- **Identificar os verdadeiros tomadores de decisões.** Por mais surpreendente que possa parecer, ter o poder de decisão não tem relação direta com a posição que alguém ocupa na organização. O autor descreve cinco bases de poder e oferece seis pistas comportamentais para identificar os verdadeiros tomadores de decisões.
- **Determinar como os compradores reagem ao próprio interesse.** Todos os compradores agem de modo egoísta, mas às vezes erram os cálculos. Como resultado, diagnosticar motivação é uma das tarefas de gerenciamento mais difíceis de se fazer com precisão. O autor sugere várias técnicas para determinar como compradores reagem ao próprio interesse.
- **Reunir e aplicar inteligência psicológica.** Não existe uma fórmula mágica para que as equipes de vendas façam análises psicológicas sensatas no trabalho. Contudo, o autor oferece três orientações para ajudar os gerentes a aumentar a eficiência das vendas: assegure-se de que as visitas de vendas sejam altamente produtivas e informativas, escute a equipe de vendas e recompense obtenção de fatos, análises e execuções rigorosas.

resultam em porcentagens mais altas de vendas concluídas e em menos surpresas desagradáveis ao longo do processo de venda.

Não seria correto chamar o lado humano das vendas de uma preocupação emergente nesse campo. Apenas as empresas mais avançadas reconhecem a importância da psicologia das compras como um fator a ser considerado na hora de aprimorar a seleção de contas e os resultados de vendas. Contudo, na maioria das indústrias, grande parte dos negócios de uma companhia vem de uma pequena minoria de seus clientes. Reter essas contas cruciais está ficando cada vez mais difícil à medida que compradores procuram constantemente não apenas o negócio mais vantajoso, mas também o vendedor que melhor compreende eles próprios e suas necessidades. São essa percepção e as vendas com metas que resultam desse processo que mais podem beneficiar gerentes de marketing.

Comprando um jatinho corporativo

Os aspectos pessoais e suas complexidades tornam-se aparentes quando se olha atentamente para o seguinte exemplo: a compra de um jatinho corporativo cujo preço excede os 3 milhões de dólares. O mercado desse tipo de aeronave divide-se em dois segmentos: aquelas companhias que já possuem ou operam aeronaves corporativas e aquelas que não.

No mercado de proprietários, o processo de compra pode ser iniciado pelo CEO, por um membro da diretoria (desejando aumentar a eficiência ou a segurança), pelo piloto-chefe da companhia ou por vendedores que se utilizam de anúncios ou fazem visitas de vendas. O CEO será essencial para a decisão de comprar ou não o jatinho, mas será fortemente influenciado pelo piloto da companhia, pelo diretor financeiro e talvez pela diretoria.

Cada grupo envolvido no processo de compra tem papéis e necessidades sutis. Por exemplo, o vendedor que tenta impressionar tanto o CEO com cronogramas de amortização quanto o piloto-chefe com estatísticas de pista de decolagem mínima quase certamente não venderá um avião sequer se negligenciar os componentes psicológicos e emocionais da decisão de compra. "Se for falar com o CEO", observa um vendedor, "será necessário ter todos os números como apoio, mas, se você não conseguir encontrar a criança dentro do CEO e deixá-la empolgada com a beleza do novo jatinho, você jamais venderá o equipamento. Se você vender a empolgação, venderá o jatinho".

O piloto-chefe, como um especialista em equipamentos, com frequência tem poder de veto sobre decisões de compra e pode impedir a compra de uma ou outra marca de jatinho simplesmente expressando uma opinião negativa sobre, por exemplo, a capacidade do avião para enfrentar condições meteorológicas ruins. Nesse sentido, o piloto não apenas influencia a decisão como também serve de fonte de informações, dando conselhos sobre qual equipamento selecionar. Embora a equipe jurídica corporativa formule o acordo de compra e o departamento de compras fique na linha de frente durante o processo, esses grupos podem ter pouco a dizer sobre se e como o jatinho será obtido, além do tipo de aeronave que será negociado. Os usuários do jatinho – gerentes médios e superiores da companhia compradora, clientes importantes e outros – podem ter pelo menos um papel indireto na escolha do equipamento.

O envolvimento de muitas pessoas nas decisões de compra cria uma dinâmica de grupo que a companhia vendedora deve levar em consideração ao criar o planejamento de vendas. Quem constitui o grupo comprador? Como os grupos vão interagir? Quem vai exercer o papel principal e quem serão os secundários? Quais prioridades os indivíduos têm?

As companhias que já possuem ou operam aeronaves levam cerca de três meses para tomar uma decisão. Como até o vendedor mais bem-sucedido não vende mais do que noventa aviões por ano, toda perspectiva séria de venda é uma conta principal. Os não proprietários, o que não é de surpreender, representam um mercado ainda mais complexo, já que nunca lidaram com esse tipo de negociação e não contam com especialistas em aviação.

O processo de compra para outros tipos de equipamento e para serviços será mais ou menos similar, dependendo da companhia, do produto e das pessoas envolvidas. A compra de equipamentos de informática, por exemplo, faz um paralelo com a decisão do avião, exceto pelo fato de que as perspectivas de vendas provavelmente incluirão processamento de dados e executivos de produção e o mercado está dividido em pequenas e grandes perspectivas em vez de em proprietários e não proprietários. Em outros casos (tais como aprimorar a rede de comunicações corporativa, adquirir uma frota ou lançar a expansão de uma fábrica), o processo de compra pode ser muito diferente. Quais fatores comuns conduzirão com confiabilidade o gerenciamento da companhia vendedora até essas considerações humanas que provavelmente vão melhorar as vendas?

Existem diferentes psicologias de compras que dificultam a execução de vendas eficientes. Por um lado, não são as companhias que compram, mas sim as pessoas. Esse conhecimento motiva o vendedor a analisar quem são os compradores importantes e o que eles querem. Por outro lado, muitos indivíduos, alguns dos quais desconhecidos pelo vendedor, estão envolvidos na maioria das compras importantes. Ainda que todas as partes envolvidas sejam identificadas, o resultado da interação delas pode ser imprevisível com base apenas no conhecimento delas como indivíduos. Para vender com eficiência é necessário combinar de modo útil as dinâmicas de compra individuais com as de grupo para prever o veredicto final da "unidade de tomada de decisões" relativa às compras. Para que essa combinação seja prática, a companhia vendedora deve responder a quatro perguntas fundamentais.

Pergunta 1: Quem está no centro de compras?

O conjunto de papéis, ou tarefas sociais, que os compradores podem assumir é o mesmo independentemente do produto a ser vendido ou dos participantes envolvidos na decisão de compra. Esse conjunto pode ser imaginado como um grupo fixo de nichos comportamentais que diferentes gerentes ocupando diferentes funções podem ser convocados para ajudar a compreender. Juntos, os gerentes compradores que assumem essa função podem ser considerados um "centro de compras".[1]

O esquema "Membros do centro de compras e seus papéis", na página 14, mostra seis papéis que compradores executam em qualquer situação de venda. Ilustrei essas funções usando a compra ou o upgrade de um sistema de telecomunicações como exemplo. Consideremos um triângulo, ou o papel que o comprador representa, de cada vez.

O *iniciador* do processo de compra, seja de um avião, toalhas de papel ou serviços de comunicação, reconhece que pode resolver ou evitar um

---

[1] O conceito de centro de compras foi proposto na sua forma atual por Frederick E. Webster Jr. e Yoram Wind em *Organizational Buying Behavior* (Comportamento organizacional de compras, Prentice-Hall, 1972).

problema da empresa ao adquirir determinado produto ou serviço. Um avião *turboprop* pode não oferecer nem a velocidade nem muito menos o alcance para garantir rapidamente operações de nível superior em várias localidades. O possível comprador de equipamentos de comunicações pode querer tirar vantagem de melhorias tecnológicas ou reduzir custos sendo proprietário em vez de locatário.

Um ou mais *guardiões* estão envolvidos no processo de compra. Esses indivíduos, que podem ter o título de comprador ou de gerente de compras, geralmente atuam como especialistas em problemas ou produtos. Eles são pagos para acompanhar a gama de ofertas dos vendedores. No exemplo do jatinho, o piloto-chefe normalmente desempenharia esse papel. No exemplo das telecomunicações apresentado no esquema, o departamento de compras corporativas, a equipe de telecomunicações corporativa ou especialistas em processamento de dados podem ser consultados. Como controlam as informações e, às vezes, o acesso do vendedor a tomadores de decisões corporativos, os guardiões determinam em grande parte quais vendedores têm chance de fechar negócio. Em algumas compras, os guardiões ganham esse status por terem e usarem uma lista de vendedores aprovados, ou seja, uma declaração por escrito de quem pode ou não pode vender para a companhia.

Influenciadores são aqueles que têm voz para dizer se uma compra deve ser feita e para opinar sobre o que será comprado. A gama de influenciadores torna-se mais abrangente à medida que grandes compras são feitas, porque muitos recursos corporativos estão envolvidos e muitas pessoas são afetadas. Em decisões importantes, comitês de diretoria, acionistas de uma empresa pública e até "humildes" mecânicos podem se tornar influenciadores. Uma companhia de maquinário de mineração encontrou dificuldades em vender um novo tipo de máquina para seus clientes de mineração subterrânea. Acontece que o pessoal de manutenção da mina, que tinha influência direta sobre as decisões de compra, resistia a essa aquisição porque precisariam aprender a consertar a máquina nova e abastecer um novo estoque de peças sobressalentes.

O *resolutivo* é aquele que diz sim ou não à compra almejada. Com frequência, no caso de compras grandes, muitos dos altos executivos atuam em conjunto para desempenhar o papel de resolutivo. Normalmente,

Membros do centro de compras e seus papéis

Iniciador	O gerente-geral da divisão propõe substituir o sistema de telecomunicações da empresa.
Resolutivo	O vice-presidente administrativo seleciona, sob influência de terceiros, o vendedor com o qual a companhia vai lidar e o sistema que vai comprar.
Influenciadores	O departamento de telecomunicações e o vice-presidente do setor de processamento de dados têm uma opinião importante sobre o sistema que pretendem comprar e o vendedor que tentará fechar o negócio.
Comprador	O departamento de compras completa as especificações da compra negociando ou fazendo uma proposta.
Guardiões	Os departamentos de compras e de telecomunicações analisam as necessidades da companhia e recomendam vendedores em potencial.
Usuários	Todos os funcionários da divisão que usam o equipamento de telecomunicações.

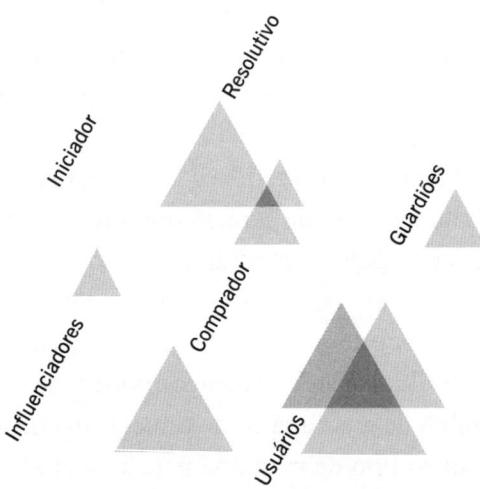

contudo, um deles se torna defensor da compra almejada e a leva à concretização. Sem o defensor, muitas compras jamais seriam feitas. É importante destacar que resolutivos não costumam finalizar as compras. Isso fica a cargo de outras pessoas. Embora aqueles que assinam as compras muitas vezes se identifiquem como resolutivos, tal identificação pode ser enganosa. É possível que um vendedor com poucas noções sobre o centro de compras nunca saiba quem são os reais agentes na companhia compradora.

A compra de computadores para executivos ilustra claramente tanto a importância do defensor quanto o papel que o resolutivo desempenha nos bastidores. Um executivo de alto nível pode decidir disponibilizar computadores melhores para todos os seus funcionários e, então, pedir ao pessoal de processamento de dados da empresa – que por sua vez é propenso a ser bastante resistente e avessa a interferências executivas – para cotá-los. Quando compras de teste são feitas, o executivo de alto nível pode tranquilamente ajudar a conduzir o processo de escolha levando à aceitação de algum dos produtos ou a mais compras. O vendedor, lidando diretamente com o pessoal de processamento de dados, pode nunca vir a saber que esse resolutivo existe.

O *comprador* e os *usuários* são aqueles interessados, respectivamente, em obter e consumir o produto ou serviço. O departamento de compras geralmente desempenha o papel de comprador. O produto ou serviço em questão é que vai determinar quem ocupará o papel de usuário.

Lembre-se de que estou discutindo papéis sociais, e não de indivíduos ou grupos de indivíduos. Sendo assim, o número de gerentes desempenhando o papel de comprador varia de um a 35. Em situações muito triviais, tais como um gerente comprando uma calculadora de bolso em uma viagem de negócios, apenas uma pessoa ocupa todos os seis papéis. Os triângulos no esquema ficariam sobrepostos: o gerente inicia (percebe a necessidade), é o "guardião" (qual é a marca da calculadora que esqueci em casa?), influencia a si mesmo (isto é mais do que eu preciso, mas custa apenas 39 dólares), decide, compra e usa o equipamento.

Em situações de compras mais importantes, o número de gerentes assumindo papéis aumenta. Em um estudo de 62 aquisições de equipamentos e serviços de capital em 31 companhias, Wesley J. Johnston e eu quantificamos o centro de compras.[2] Numa típica compra de equipamentos de capital, uma média de quatro departamentos (engenharia e compras estavam sempre incluídos), três níveis de hierarquia gerencial (por exemplo,

---

[2] Wesley J. Johnston e Thomas V. Bonoma, "Purchase Process for Capital Equipment and Services" ("Processo de compra para equipamentos e serviços de capital"), *Industrial Marketing Management*, vol.10, 1981.

gerente, gerente regional, vice-presidente) e sete pessoas preenchiam os seis papéis compradores. Para serviços, foram necessários quatro departamentos, dois níveis de hierarquia gerencial e mais cinco pessoas. Como é de esperar, quanto mais complexa a decisão de compra, maior a unidade de decisão e mais cautelosas suas decisões. Por exemplo, quando encomendavam-se suprimentos para embalagens, havia pouca busca por vendedores ou avaliação pós-venda. Quando um novo boiler era comprado, realizavam-se cuidadosas comparações entre vendedores e auditorias pós-venda.

Pergunta 2: Quem são os compradores poderosos?

Por mais útil que seja o centro de compras, é difícil detectá-lo, pois gerentes não usam crachás que dizem "tomador de decisões" ou "pessoa sem importância".[3] Os poderosos com frequência permanecem invisíveis, pelo menos para representantes de vendas.

Infelizmente, o grau de poder não tem relação direta com a posição que a pessoa ocupa na hierarquia organizacional. Como ilustra o caso do pessoal de manutenção da mina, aqueles com pouco poder formal podem ser capazes de impedir uma venda ou de dificultar sua concretização. Um gerente de compras que não quer colocar na linha de frente um comprador pouco favorecido ou a secretária que filtra os vendedores de um fornecedor por causa de um desprezo real ou imaginário também pode mudar drasticamente o resultado de uma compra. Esforços de vendas não podem ser mensurados por meio de uma simples leitura de organogramas; a companhia vendedora deve identificar os membros poderosos do centro de compras.

Na tabela "Bases de poder" enumero as cinco principais bases de poder em uma corporação. Além disso, indiquei se sua influência é positiva (defensor) ou negativa (poder de veto).

Poder de recompensa refere-se à capacidade de um gerente de estimular compras fornecendo a outros benefícios monetários, sociais, políticos ou

---

[3] Visando economizar espaço, não vou fundamentar cada referência a pesquisas psicológicas. Referências às minhas afirmações podem ser encontradas em Thomas V. Bonoma e Gerald Zaltman, *Management Psychology* (Psicologia do gerenciamento, Kent Publishing, 1981). Ver o Capítulo 8 para a literatura sobre poder e o Capítulo 3 para material sobre motivação.

Bases de poder

Tipo de poder	Defensor	Veto
De recompensa Capacidade de fornecer recompensas monetárias, sociais, políticas ou psicológicas a outros por cumprimento de normas e metas	N	
Coercitivo Capacidade de aplicar punições monetárias ou de outros tipos por não cumprimento	N	
De referência Capacidade de conseguir cumprimento dos outros porque eles gostam de você	N	N
De perícia Capacidade de conseguir cumprimento por causa de conhecimento técnico, tanto verdadeiro quanto por reputação		N
Legítimo Capacidade de obter cumprimento derivado de uma posição legítima de poder em uma companhia		N

Nota: Estas cinco bases de poder foram propostas originalmente há mais de vinte anos pelos psicólogos J. R. P. French, Jr. e Bertram Raven. Ver "The Bases of Social Power" (As bases do poder social) em D. Cartwright, ed., *Studies in Social Power* (Estudos em poder social, University of Michigan Press, 1959).

psicológicos. Em uma empresa pequena, por exemplo, a vice-presidente de marketing esperava melhorar as decisões de marketing de seu setor dando melhores computadores à equipe de vendas. Prevendo objeções, ela se sentiu forçada a oferecer um computador ao próprio vice-presidente de vendas. A compra foi feita.

Poder coercitivo refere-se à capacidade de um gerente de impor punições. Obviamente, ameaçar punir não é o mesmo que ter o poder de impor a punição. Os gerentes que brandem porretes de forma mais vigorosa geralmente são os menos capazes de provocar qualquer consequência além de uma brisa suave.

Poder de referência é a capacidade de uma pessoa de encantar ou, de alguma outra maneira, persuadir pessoas a agirem de acordo com suas preferências. Ao lado da capacidade de recompensar e de coagir, o poder de referência é a base de poder mais forte no meio gerencial. Mesmo CEOs acham difícil contradizer um cliente-chave com quem eles têm voado durante dez anos que diz: "Joe, como seu amigo, estou lhe dizendo que comprar este avião seria um erro."

Quando um gerente faz com que outros concordem com seu julgamento por causa de conhecimento real ou percebido em uma área, o *poder de perícia* está sendo exercido. Um gerente de telecomunicações achará difícil argumentar com um renomado especialista em computadores que afirma que comprar determinado sistema de chaveamento telefônico é essencial para um "escritório do futuro" – ou que não comprá-lo agora acabará impossibilitando a comunicação efetiva. Com o poder de perícia, as habilidades de seu detentor não precisam ser reais, se por "reais" queremos dizer que o indivíduo realmente possui o conhecimento que esperam que ele tenha. Basta que acreditem que o perito tem habilidades especiais ou que estejam dispostos a respeitar sua opinião por causa de realizações em um campo totalmente diferente da área em questão.

Uma pessoa possui *poder legítimo* quando ocupa uma alta posição na corporação. Essa noção de poder tem a ver com o significado da palavra "autoridade". Ela se refere ao tipo de influência que um presidente tem sobre um supervisor de primeira linha e é mais restrita do que as outras bases de poder. A princípio, o poder legítimo pode ser considerado parecido com os poderes de recompensa ou coercitivo, mas existem diferenças significativas entre esses tipos. Primeiro, a atividade de maior influência dessas posições de autoridade corporativa é a persuasão, e não a recompensa ou a punição. As pessoas que ocupam altos cargos conversam pacificamente em vez de atirar pedras porque outros na empresa também têm um poder significativo que podem invocar em retaliação.

Segundo, o gerente de status elevado só consegue se valer de sua legitimidade repetidamente porque os subordinados permitem. Em uma divisão de máquinas pesadas, por exemplo, a contínua requisição de fornecedores favorecidos por um gerente da fábrica (com frequência a preços desfavoráveis) levou a uma "revolta no palácio" entre os demais gerentes que estavam sendo mal avaliados com relação ao custo de componentes. Terceiro, a base de poder daqueles em posições de autoridade é muito restrita, já que a autoridade tende a funcionar apenas em direção descendente no organograma e se limita a pedidos específicos relacionados ao trabalho. Poder legítimo é uma das bases de poder mais fracas.

Centros de compras e gerentes individuais geralmente representam uma base de poder dominante em decisões de compra. Em uma empresa pequena, um fator importante é saber se o gerente que briga por uma posição é membro da família fundadora – um tipo de combinação de poder legítimo e poder de referência. Em uma grande empreiteira de defesa de alta tecnologia, quase todas as decisões são tomadas com base em especialidade real ou de reputação. Isso ocorre mesmo quando o assunto em questão não tem qualquer relação com hardware ou engenharia.

A chave para melhorar as vendas está na observação e na investigação a fim de compreender a cultura de poder corporativa dos clientes em potencial. A equipe de vendas também precisa descobrir o tipo de poder que os gerentes principais da companhia compradora possuem ou que aspiram a ter. Descontos podem não ser especialmente significativos para um jovem de uma companhia compradora que está mais preocupado com poder legítimo; uma visita dos altos executivos de vendas da empresa pode se provar muito mais eficiente do que qualquer outra coisa para bajular o ego do comprador e finalizar a venda. De forma semelhante, gerentes de vendas podem querer fazer apelos de venda mais técnicos para engenheiros ou outra equipe da companhia compradora cuja base de poder é a de perícia.

As duas últimas colunas da tabela mostram que o tipo de poder invocado pode permitir ao gerente apoiar ou se opor a uma proposta, mas quase nunca as duas coisas. Acredito que poderes legítimo e de perícia são mais frequentemente usados por seus detentores para vetar decisões com as quais não concordam. Como os demais envolvidos na compra almejada com frequência estão "vendidos", vetá-la geralmente exige ou a capacidade de ver aspectos que o gerente médio não percebeu por não possuir determinada especialização, ou a visão mais ampla que um elevado status corporativo proporciona. Poderes de recompensa e coercitivo são mais frequentemente usados para forçar compras e a escolha de vendedores favorecidos. O poder de referência parece útil e é usado tanto por defensores quanto por aqueles que têm poder de veto. O ponto central aqui é que muitos membros do centro de compras acreditam que o poder tende a ser unilateral.

Seis pistas comportamentais

Pautado na análise precedente de bases de poder, enumerei seis pistas para identificar os poderosos:

1. Embora poder e autoridade formal com frequência andem juntos, nem sempre há correlação automática entre os dois. A companhia vendedora deve conseguir outras pistas sobre onde está o verdadeiro poder comprador.
2. Uma maneira de identificar detentores de poder do centro de compras é observar as comunicações na empresa compradora. Obviamente, os poderosos não são ameaçados por ninguém, tampouco oferecem recompensas com frequência. Ainda assim, mesmo os gerentes mais poderosos são propensos a ser influenciados, especialmente por aqueles cuja base de poder é de referência ou de perícia. Aqueles com menos poder usam persuasão e argumentação racional para tentar influenciar os mais poderosos. Gerentes a quem os outros dirigem muita atenção mas que recebem poucas ofertas de recompensa ou ameaças de punição geralmente possuem um considerável poder de tomada de decisões.
3. Pessoas com pouco poder podem não gostar dos tomadores de decisões do centro de compras. Portanto, quando alguém manifesta preocupação sobre as opiniões de um membro do centro de compras, especialmente se demonstrando desagrado ou hesitação, vendedores têm fortes pistas sobre quem é o comprador poderoso.
4. Compradores de poder elevado tendem a ser centros de informações de mão única, servindo como pontos focais para recebimento de informações. O vice-presidente que não vai a reuniões mas recebe cópias de todas as trocas de mensagens sobre uma questão relativa a compras é provavelmente um influenciador ou resolutivo central.
5. Os membros mais poderosos do centro de compras provavelmente não são os mais fáceis de identificar ou os mais falantes de seus grupos. Na verdade, os membros de fato poderosos enviam outros funcionários para representá-los em negociações críticas, pois estão convencidos de que pouco de substancial será resolvido sem sua aprovação.

6. Não existe qualquer correlação entre a área funcional de um gerente e seu poder dentro de uma companhia. De nada vai adiantar abordar cegamente o departamento de processamento de dados para encontrar tomadores de decisões para um novo sistema de computadores, ao contrário do que muitos vendedores de *mainframes* aprenderam. Tampouco se pode simplesmente depreender que o CEO é o tomador de decisões que vai fechar a compra de um avião corporativo. Não há substituto para o trabalho árduo de entender as dinâmicas da companhia compradora.

Pergunta 3: O que eles querem?

Diagnosticar motivação com precisão é uma das tarefas gerenciais em que é mais fácil cometer erros e uma das mais difíceis de acertar. A maioria dos gerentes possui muita experiência em diagnosticar as vontades de outros, mas, embora seja difícil admitir, a maioria simplesmente não é muito precisa ao tentar decifrar o que outra pessoa deseja e vai fazer. Uma regra básica de motivação é a seguinte: todos os compradores (na verdade, todas as pessoas) agem de forma egoísta ou tentam ser egoístas, mas às vezes calculam mal e não servem aos próprios interesses. Portanto, em situações de compra, os compradores tentam aumentar ganhos e minimizar perdas. Como compradores definem os próprios interesses? O que vem a seguir são insights a partir de pesquisas sobre esse processo de tomada de decisões.

Primeiro, compradores agem como se fosse possível decompor um produto ou serviço complexo em vários benefícios, como características do produto, preço, confiabilidade e daí em diante.

Segundo, compradores segmentam os benefícios potenciais em várias categorias. As mais comuns são financeiras, produto-serviço, sociopolíticas e pessoais. Para alguns compradores, os benefícios financeiros são os mais importantes, enquanto, para outros, são os sociopolíticos – o que os outros funcionários da empresa vão achar da compra – que pesam mais. Obviamente, essas dimensões podem coexistir, como quando obter o produto de menor custo (financeiro) resulta em boas avaliações de desempenho e em uma promoção (sociopolítico).

Finalmente, em geral compradores não estão certos de que comprar o produto de fato trará o benefício desejado. Por exemplo, um computador vendido por sua confiabilidade e montagem industrial pode ou não satisfazer as expectativas do comprador. Como benefícios só têm valor se forem realmente entregues, o comprador deve estar confiante de que a companhia vendedora vai cumprir suas promessas. Vendedores conhecidos, como a IBM ou a Xerox, podem ter alguma vantagem sobre empresas menos conhecidas do ramo.

Como vendedores sabem, nem todos os clientes vão desejar os mesmos benefícios. Todos os compradores possuem classes de máximas prioridades, ou "pontos sensíveis". A tabela "Motivos dominantes para adquirir um sistema de telecomunicações" mostra esquematicamente as quatro classes de benefícios que os compradores levam em conta.

Identificar a motivação do comprador indica várias possíveis abordagens. O vendedor pode tentar direcionar a atenção do comprador para benefícios que este ainda não tenha levado em consideração. Por exemplo, um representante de vendas de revistas desenvolveu um questionário para ajudar um cliente indeciso a comprar espaço publicitário.

Motivos dominantes para adquirir um sistema de telecomunicações

Os benefícios na coluna sombreada são muito mais valorizados do que os outros e representam o ponto sensível da empresa.

Classe de benefício

Financeiro	Produto ou serviço	Sociopolítico	Pessoal
Valor economizado em custos absolutos	Serviço pré e pós-vendas	A compra vai melhorar a posição do comprador diante da equipe de compras ou dos altos executivos?	A compra vai fazer com que os funcionários tenham mais respeito e simpatia pelo comprador?
Mais barato do que na concorrência	Características específicas		
Propiciará redução de custos operacionais	Espaço ocupado por unidade		Como a compra se encaixa no autoconceito do comprador?
Economia gerada por alugar em vez de comprar	Disponibilidade		

O questionário buscava informações sobre os benefícios mais valorizados – em termos de alcance, composição do público e custo por mil leitores. Ao preenchê-lo, o comprador potencial convencia a si mesmo do valor superior da revista do vendedor com os mesmos argumentos que estava usando para desvalorizá-la.

Inversamente, vendedores podem desestimular o desejo do comprador por benefícios que eles não podem oferecer. Por exemplo, se o avião de um vendedor concorrente oferece maior economia de combustível, a companhia vendedora pode tentar redirecionar a atenção do comprador para velocidade superior ou custos de manutenção inferiores.

O vendedor também pode tentar aumentar a confiança do comprador de que suas expectativas sobre determinado produto ou serviço serão atendidas. Uma companhia de software que vende sistemas administrativos legais, por exemplo, fornece um serviço de consultoria para o qual usuários remotos podem ligar se estiverem tendo problemas, cópias de backup do programa principal para o caso de os usuários destruírem o original, um conjunto completo de formulários para estimular a entrada plena de dados e conferências regulares para manter os usuários em dia com as atualizações no sistema. Esses serviços são projetados para aumentar a confiança de administradores e advogados extremamente conservadores que estão comprando um sistema.

Finalmente, vendedores com frequência tentam mudar o que o comprador deseja ou a sua classe de benefícios preferida. Minha visão de motivação conclui que tal abordagem é quase sempre malsucedida. Estratégias de vendas precisam trabalhar com as motivações do comprador, e não contorná-las.

Pergunta 4: Como eles nos percebem?

A impressão que os compradores têm da companhia vendedora, de seus produtos e de seu pessoal é muito importante para vender com eficiência. Invariavelmente, compradores poderosos têm uma vasta gama de percepções sobre uma empresa vendedora.

Um comprador terá um amigo em outra companhia que usou um produto similar e alegou que "ele quase nos arruinou". Outro amigo pode ter dito a um comprador interessado em um produto similar que a companhia vendedora "até enviou um cara de avião para o Havaí para consertar o equipamento lá rapidamente. Essas pessoas realmente se importam".

O representante de uma empresa farmacêutica relata a história de como a companhia foi rejeitada por todos os principais hospitais em uma cidade porque um único médico acreditava que um dos novos produtos da companhia tinha relação direta com a morte de um paciente. Esse médico não apenas generalizou suas impressões para todos os produtos da companhia como também estimulou seus amigos a boicotar a empresa.

Um esquema simples para identificar de que forma os compradores percebem vendedores é pedir aos agentes de vendas que estimem como os compradores importantes julgam a companhia e suas ações. Esse julgamento pode ser registrado em um *continuum* variando de negativo a positivo. Se desejar um julgamento mais detalhado, a companhia pode colocar seus produtos e seu pessoal em dois eixos perpendiculares da seguinte forma:

A escassez de verba para ações de marketing e a eficiência de defensores no processo de compra são um forte argumento para que os recursos sejam injetados onde provavelmente trarão melhores resultados. Esforços de marketing deveriam visar àqueles na companhia compradora que gostam da companhia vendedora, já que eles estão parcialmente convencidos. Embora seja impossível negar a frase "É importante vender para todos", aqueles que distribuem seus esforços dessa maneira com frequência não vendem para ninguém.

Reunindo inteligência psicológica

Eu gostaria muito de afirmar que existe uma fórmula mágica para que a sua equipe de vendas faça análises psicológicas sensatas sobre os possíveis compradores, mas tal fórmula não existe. Porém tenho usado a abordagem do lado humano em várias companhias para aumentar a eficiência das vendas – e existem apenas três orientações necessárias para fazer isso bem:

Torne visitas de vendas produtivas uma norma, e não algo extraordinário

Preocupados com o rápido aumento do custo de uma visita de vendas, gerentes estão procurando abordagens de venda alternativas. O pessoal de vendas com frequência não sabe muito bem por que está indo para a maioria das visitas, o que espera descobrir nem quais perguntas lhe darão as respostas de que precisa. Fazer um planejamento de visitas de vendas não serve apenas para minimizar os quilômetros viajados ou para incluir visitas de cortesia a clientes potenciais sem importância, mas sim para determinar qual estratégia deve ser utilizada com compradores cruciais e quais perguntas ou solicitações devem garantir essa informação.

Certa vez viajei com um representante de contas grandes de uma companhia de equipamentos de duplicação e o acompanhei em cinco visitas feitas ao longo de um dia. O representante não reteve sequer 10% da informação psicológica potencial, ou de outro tipo, que poderia usar em visitas futuras, apesar de os clientes em potencial terem disponibilizado essas informações repetidamente.

Por exemplo, em uma companhia, um administrador nos contou que o CEO era um semirrecluso que insistia que ele próprio aprovasse as solicitações de equipamentos; que um dos gerentes divisionais tinha (contra a vontade do nosso anfitrião) trazido equipamento de um concorrente para testar; e que uma nova duplicadora que tinha sido vendida à empresa passava mais tempo fora de serviço do que funcionando. O vendedor não usou nenhuma dessas informações oferecidas livremente, tampouco considerou qualquer uma delas importante o suficiente para anotar ou repassar ao gerente de vendas. A visita foi desperdiçada porque o vendedor não sabia o que estava procurando ou como usar o que lhe foi oferecido.

A "Matriz para obter informações psicológicas", na página a seguir, mostra um questionário que pode ser usado para agrupar em uma única folha de papel dados psicológicos essenciais sobre um cliente. Anteriormente, neste artigo, dei algumas pistas sobre como preencher esse questionário, mas o que os representantes de vendas precisam fazer para obter a informação depende da indústria, do produto e, sobretudo, do cliente. Em todos os casos, contudo, as avaliações de vendas essenciais incluem (1) identificar os membros poderosos do centro de compras, (2) identificar o que eles procuram em termos tanto de seus pontos sensíveis quanto de suas necessidades específicas e (3) avaliar suas percepções da situação. Além disso, obter informação psicológica é com frequência mais uma questão de escutar atentamente do que de fazer perguntas inteligentes durante a entrevista de vendas.

Escute a equipe de vendas

Nada desestimula mais o uso de inteligência do que a convicção dos membros da equipe de vendas de que seu chefe na verdade não quer ouvir o que eles sabem sobre uma conta. Muitas empresas exigem que os vendedores entreguem volumosos relatórios de visita e forneçam outros dados – os quais desaparecem a menos que um representante de vendas esteja prestes a ser punido por uma razão ou outra.

Para evitar esse obstáculo potencialmente fatal, recomendo uma auditoria de vendas. Avalie todos os formulários de controle da equipe de vendas e relatórios de visita e descarte aqueles que não tiverem sido usados pela gerência para planejar ou controlar metas no ano anterior. Essa abordagem surte um efeito motivador maravilhoso em todos os aspectos: exime as forças de vendas de preencher formulários que todos sabem que são inúteis, o chefe de vendas de obter relatórios com os quais não sabe o que fazer e o pessoal do processamento de dados de processar relatórios que ninguém solicita. Em vez disso, use um formulário de controle de vendas simples, claro e preciso do tipo sugerido no exemplo a seguir – de preferência em uma única folha de papel para um período específico de vendas. Essa

Matriz para obter informações psicológicas

Quem está no centro de compras e qual é a sua base de poder?
_____
_____
_____
_____

Quem são os compradores poderosos e quais são suas prioridades?
_____
_____
_____
_____

Quais benefícios específicos cada comprador importante quer?
_____
_____
_____
_____

Como os compradores importantes veem a nossa empresa?
_____
_____
_____
_____

Estratégia de vendas
_____
_____
_____
_____

recomendação pode parecer drástica, mas medidas extremas são apropriadas em áreas em que a gerência não está conseguindo obter e usar a inteligência da equipe de vendas.

Enfatize trabalho de casa e detalhes

Estabelecer técnicas para obter inteligência de vendas e prestar atenção em relatórios não é suficiente. O chefe de vendas deve enfatizar que a companhia recompensa obtenção de fatos cuidadosa, análise minuciosa e execução impecável. Essa mensagem é mais significativa quando vem do topo.

Notas de advertência

O grupo que influencia uma compra não chama a si mesmo de centro de compras. Tampouco tomadores de decisões e influenciadores se autointitulam como tal. Gerentes devem tomar cuidado para não confundir o processo de análise e de pedido com as ações dos próprios compradores. Além disso, obter dados da maneira que recomendei é uma questão delicada. Por razões que não sei descrever, é considerado menos aceitável fazer estimativas psicológicas do que econômicas dos compradores. Computar os números sem compreender a psicologia por trás deles, no entanto, leva a perda de vendas. Finalmente, a ideia implícita ao longo deste artigo é que vendedores devem entender o que é comprar, assim como compradores devem entender o que é vender. Quando isso acontece, psicologia e marketing começam a se unir de modo útil. Vendas efetuadas acontecem quase como uma consequência natural.

Publicado originalmente em julho-agosto de 2006.

2

Acabando com a guerra entre vendas e marketing

Philip Kotler, Neil Rackham e Suj Krishnaswamy

DESIGNERS DE PRODUTOS APRENDERAM, anos atrás, que economizariam tempo e dinheiro se consultassem seus colegas do setor de fabricação em vez de simplesmente lhes entregar novos designs. Os dois setores se deram conta de que não bastava coexistir – não quando eles poderiam trabalhar juntos para criar valor para a empresa e para os clientes. Você deve imaginar que equipes de marketing e de vendas, cujo trabalho também é intimamente interligado, já concluíram algo parecido. Via de regra, contudo, as duas exercem funções diferentes dentro de uma organização e, quando trabalham juntas, nem sempre se entendem. Quando as vendas são decepcionantes, o departamento de marketing culpa a equipe de vendas pela execução ruim de um brilhante plano de lançamento. A equipe de vendas, por sua vez, alega que o departamento de marketing estabelece preços altos demais e usa uma parcela muito grande do orçamento, um dinheiro que poderia ser empregado na contratação de mais vendedores ou em comissões mais altas aos representantes de vendas. De modo mais amplo, departamentos de vendas tendem a acreditar que o pessoal de marketing está desconectado da realidade dos clientes. O departamento de marketing acredita que a equipe de vendas é míope – focada demais em experiências individuais dos clientes, pouco ciente do mercado mais amplo e cega para o futuro. Em resumo, é frequente que cada grupo desvalorize as contribuições do outro.

Essa falta de alinhamento acaba prejudicando o desempenho corporativo. Repetidas vezes, durante pesquisas e trabalhos de consultoria, vimos os dois grupos tropeçarem (e a organização sofrer) porque não estavam sincronizados. Inversamente, não há dúvida de que, quando vendas e marketing trabalham bem juntos, as empresas experimentam uma melhoria substancial em importantes métricas de desempenho: os ciclos de vendas são mais curtos, os preços de entrada no mercado caem e o custo das vendas é mais baixo. Foi isso que aconteceu quando a IBM integrou suas equipes de vendas e marketing para criar uma iniciativa chamada Capacitação de Canal. Antes da integração dos grupos, Anil Menon e Dan Pelino, altos executivos da IBM, nos disseram que os departamentos de vendas e marketing operavam de modo independente um do outro. Vendedores só se preocupavam em atender a demanda por produtos, não em criá-la. O pessoal de marketing fracassava em associar dinheiro gasto em publicidade com vendas efetuadas, de modo que o pessoal de vendas obviamente não conseguia ver o valor dos esforços de marketing. E, uma vez que os grupos eram mal coordenados, os anúncios de novos produtos do departamento de marketing costumavam acontecer quando o departamento de vendas ainda não estava preparado para capitalizar em cima deles.

Curiosos sobre essa desconexão entre vendas e marketing, conduzimos um estudo para identificar as melhores práticas que poderiam ajudar a ampliar o desempenho conjunto e as contribuições gerais desses dois setores. Entrevistamos diretores de marketing e vice-presidentes de vendas para analisar suas perspectivas. Examinamos a fundo a relação entre vendas e marketing em diversos tipos de empresa: de máquinas pesadas, materiais de construção, serviços financeiros, sistemas médicos, energia, seguros, duas de produtos eletrônicos de alta tecnologia e uma aérea. Seguem algumas de nossas descobertas:

- O marketing assume diferentes formas em diferentes empresas em diferentes estágios do ciclo de vida dos produtos – e todas essas formas podem afetar profundamente a relação entre vendas e marketing.
- O desgaste entre vendas e marketing pode se enquadrar em duas categorias principais: econômica ou cultural.
- Não é difícil avaliar a qualidade da relação de trabalho entre vendas e marketing. (Este artigo inclui uma ferramenta de diagnóstico para fazer isso.)
- Empresas podem adotar medidas práticas para fazer com que as duas funções tenham um relacionamento mais produtivo entre si depois de estabelecerem o ponto de partida dos setores.

Diferentes funções para o marketing

Antes de olharmos atentamente para a relação entre os dois grupos, precisamos reconhecer que a natureza da função exercida pelo marketing varia significativamente de uma empresa para outra.

A maioria dos pequenos negócios (e a maioria dos negócios é pequena) não estabelece um grupo formal de marketing. Suas ideias de marketing vêm de gerentes, da equipe de vendas ou de uma agência de propaganda. Tais negócios equiparam marketing com vendas; não concebem o marketing como uma maneira mais abrangente de posicionar suas empresas.

Por fim, pequenos negócios bem-sucedidos acrescentam uma ou mais pessoas de marketing para ajudar a aliviar a equipe de vendas de algumas tarefas. Esses novos membros conduzem pesquisas para avaliar o tamanho do mercado, escolher os melhores mercados e canais e determinar os motivos e as influências de compradores potenciais. Eles trabalham com agências externas em publicidade e promoções. Desenvolvem materiais adicionais para ajudar a equipe de vendas a atrair clientes e fechar vendas. E, finalmente, usam mala direta, telemarketing e feiras de negócios para encontrar e qualificar *leads* (informações sobre possíveis clientes) para a equipe de vendas. Tanto vendas quando marketing veem o grupo de marketing como um auxiliar da equipe de vendas nesse estágio e em geral a relação entre as duas funções é positiva.

Em resumo

Departamentos de vendas tendem a acreditar que departamentos de marketing estão desconectados do que está de fato acontecendo no mercado. O pessoal de marketing, por sua vez, acredita que a equipe de vendas é míope – focada demais em experiências individuais dos clientes, pouco ciente do mercado mais amplo e cega para o futuro. Em resumo, cada grupo desvaloriza as contribuições do outro. Ambos tropeçam – e o desempenho organizacional sofre as consequências – quando não estão sincronizados um com o outro. Contudo, poucas empresas parecem tomar iniciativas sérias no sentido de analisar e ampliar o relacionamento entre esses dois setores fundamentais.

Curiosos sobre o desalinhamento entre vendas e marketing, os autores entrevistaram diretores de marketing e vice-presidentes de vendas para analisar suas perspectivas. Eles examinaram a fundo a relação entre vendas e marketing em várias companhias em setores diferentes. Seu objetivo era identificar as melhores práticas que poderiam ampliar o desempenho conjunto e aumentar as contribuições desses dois setores. Entre as descobertas deles, estão:

- O marketing assume diferentes formas em diferentes empresas em diferentes estágios do ciclo de vida dos produtos. A influência crescente do setor de marketing em cada fase do crescimento de uma organização afeta seu relacionamento com o setor de vendas.
- O desgaste entre vendas e marketing pode se enquadrar em duas categorias principais: econômica (um único orçamento costuma ser dividido entre vendas e marketing, e nem sempre igualmente) ou cultural (as duas funções atraem tipos de pessoa muito diferentes que atingem o sucesso passando o tempo de maneiras muito diversas).

Neste artigo os autores descrevem os quatro tipos de relação que vendas e marketing costumam ter. Fornecem uma ferramenta de diagnóstico para ajudar os leitores a avaliar o nível de integração que existe em suas empresas e oferecem recomendações para alinhar os dois setores.

À medida que as empresas se tornam maiores e mais bem-sucedidas, executivos reconhecem que o marketing é muito mais do que definir os quatro Ps: produto, preço, ponto de venda e promoção. Eles determinam que o marketing eficiente exige pessoas habilidosas em segmentação, definição de alvos e posicionamento. Depois que as companhias contratam equipes de marketing com essas habilidades, o marketing se torna um setor independente. Para conseguir financiamento, ele começa a competir com o setor de vendas. Embora a missão de vendas não tenha mudado, a missão do marketing mudou. Surgem desentendimentos. Cada setor assume tarefas que acredita que o outro deveria estar realizando mas não está. Com muita frequência, organizações descobrem que alguém está desempenhando uma função de marketing dentro do setor de vendas e vice-versa. Nesse estágio, os vendedores desejam que a equipe de marketing se preocupe apenas com oportunidades futuras (estratégia de longo prazo) e deixe as oportunidades atuais (vendas individuais e em grupo) para eles.

Quando começa a lidar com tarefas de nível mais elevado, como segmentação, o grupo de marketing começa a trabalhar mais intimamente com outros departamentos, especialmente planejamento estratégico, desenvolvimento de produtos, financeiro e produção. A companhia começa a pensar em termos de desenvolvimento de marcas em vez de produtos e os gerentes de marca ganham poder dentro da organização. O pessoal de marketing não é mais um humilde auxiliar do departamento de vendas. Ele almeja ir muito mais alto: acredita que é essencial fazer a empresa girar em torno do marketing. À medida que eles introduzem essa retórica, outros na companhia – incluindo a equipe de vendas – questionam se o pessoal de marketing tem as competências, a experiência e a compreensão para conduzir a organização.

Embora o setor de marketing aumente sua influência em unidades de negócios separadas, ele raramente se torna uma força maior no nível corporativo. Existem exceções: Citigroup, Coca-Cola, General Electric, IBM e Microsoft possuem um diretor de marketing em nível corporativo. E é em empresas grandes de bens de consumo não duráveis, como General Mills, Kraft e Procter & Gamble, que o marketing tem mais poder para motivar a estratégia da organização. Ainda assim, durante períodos de retração econômica, o setor de marketing é cobrado mais de perto – e sua força de trabalho fica mais sujeita a ser cortada – do que o setor de vendas.

Por que eles não podem se entender?

Existem duas fontes de atrito entre vendas e marketing. Uma é econômica e a outra é cultural. O atrito econômico acontece por causa da necessidade de dividir o orçamento total concedido pela alta gerência. Na verdade, a equipe de vendas tende a criticar a forma do marketing de gastar dinheiro em três frentes: preço, promoção e produto. Vamos falar sobre os preços. O grupo de marketing está sob pressão para atingir metas de faturamento e quer que a equipe de vendas "venda o preço" em vez de "vender pelo preço". Os vendedores geralmente preferem preços mais baixos porque conseguem vender o produto com mais facilidade, uma vez que preços baixos lhes dão mais margem para negociar. Além disso, existem tensões organizacionais em torno de decisões de precificação. Enquanto o marketing é responsável por definir preços sugeridos de varejo ou de tabela e por estabelecer preços promocionais, o setor de vendas tem a palavra final sobre preços transacionais. Quando preços baixos especiais são necessários, o marketing não costuma poder opinar. O vice-presidente de vendas procura diretamente o diretor financeiro. Isso não deixa o pessoal do marketing feliz.

Custos de promoção também são uma fonte de atrito. O marketing precisa gastar dinheiro para gerar no cliente consciência, interesse, preferência e desejo por um produto. Mas a equipe de vendas com frequência considera as grandes quantias gastas em divulgação – particularmente em propagandas na TV – um desperdício. O vice-presidente de vendas tende a pensar que esse dinheiro seria mais bem gasto no aumento do tamanho e da qualidade da equipe de vendas.

Quando o pessoal de marketing ajuda a preparar o outro P, o produto a ser lançado, o pessoal de vendas com frequência reclama que o item não tem as características, o estilo ou a qualidade que os clientes desejam. Isso acontece porque a visão de mundo do grupo de vendas é moldada pelas necessidades de seus consumidores individuais. A equipe de marketing, contudo, está preocupada em lançar produtos cujas características despertem o interesse de um leque maior de pessoas.

O orçamento para ambos os grupos também indica qual departamento possui mais poder dentro da organização, o que é um fator significativo. Diretores executivos tendem a favorecer o grupo de vendas quando calculam o orçamento. Um deles nos disse: "Por que eu deveria investir mais em marketing se posso obter resultados melhores contratando mais vendedores?" Esses diretores costumam pensar que as vendas são mais tangíveis, com maior impacto de curto prazo. As contribuições do departamento de vendas para o resultado final da empresa são também mais fáceis de mensurar do que as contribuições do departamento de marketing.

O conflito cultural entre vendas e marketing é, por outro lado, ainda mais arraigado do que o conflito econômico. Isso ocorre em parte porque as duas funções atraem tipos diferentes de pessoa com atividades muito diversas. Os funcionários de marketing, que até recentemente eram mais formalmente instruídos do que os vendedores, são altamente analíticos, voltados para dados e focados em projetos. O que importa para eles é construir vantagem competitiva para o futuro. Eles avaliam o desempenho de seus projetos com um olhar frio e são impiedosos quando uma iniciativa fracassa. Contudo, seus colegas de vendas nem sempre interpretam esse foco em desempenho como algo em execução, porque tudo acontece entre quatro paredes e não em campo. Vendedores, em comparação, passam seu tempo falando com clientes existentes e potenciais. Eles são habilidosos construtores de relações: são inteligentes para perceber não só a vontade de um cliente de comprar um produto como também quais características de um produto vão funcionar ou não. Eles querem permanecer em movimento. Estão habituados à rejeição e isso não os deprime. Eles vivem para fechar vendas. Não é de surpreender que esses dois grupos achem difícil trabalhar juntos.

Se a empresa não alinhar incentivos com cuidado, os dois grupos vão acabar entrando em conflito por conta de coisas aparentemente simples – como, por exemplo, na hora de decidir quais produtos devem ser o foco das vendas. Vendedores podem tentar vender produtos com margens mais baixas que satisfazem metas, enquanto o marketing quer que eles vendam produtos com margens de lucro mais altas e futuros mais promissores. Falando de forma mais abrangente, o desempenho dos dois grupos é avaliado de modo muito diferente. Vendedores ganham a vida fechando vendas, ponto final. É fácil ver quem (e o que) é bem-sucedido quase imediatamente. Mas o orçamento do marketing é dedicado a programas, e não a pessoas, e leva muito mais tempo para saber se um programa ajudou a criar vantagem competitiva a longo prazo para a empresa.

Quatro tipos de relacionamento

Dados os potenciais conflitos econômicos e culturais, é de esperar que haja desgaste entre os dois grupos. E, de fato, é comum existir algum nível de disfunção, mesmo quando os diretores de vendas e de marketing têm uma boa relação. Os departamentos de vendas e de marketing das companhias que estudamos exibem quatro tipos de relacionamento. Estes mudam à medida que as funções de marketing e de vendas amadurecem – os grupos passam de desalinhados (e com frequência conflitantes) para plenamente integrados (e geralmente sem conflitos) –, embora tenhamos visto apenas poucos casos nos quais as duas funções estavam plenamente integradas.

Indefinido

Quando o relacionamento é indefinido, vendas e marketing cresceram de forma independente; cada um está preocupado sobretudo com as próprias tarefas e intenções. Cada setor não sabe muito o que o outro está fazendo – até surgir um conflito. Reuniões entre os dois, tipicamente *ad hoc*, são em geral dedicadas a resolução de conflitos em vez de cooperação proativa.

Definido

Em um relacionamento definido, os dois grupos estabelecem processos – e regras – para evitar disputas. Existe uma orientação do tipo "Boas cercas fazem bons vizinhos"; o pessoal de marketing e o de vendas sabem quem deve fazer o quê e na maior parte do tempo executam o próprio trabalho. Os setores começam a construir uma linguagem comum em áreas de conflito potencial, como, por exemplo: "Como definimos um *lead*?" Reuniões tornam-se mais reflexivas, pessoas fazem perguntas como "O que esperamos um do outro?". Os grupos trabalham juntos em grandes eventos como conferências de clientes e feiras.

Alinhado

Quando vendas e marketing estão alinhados, existem limites claros entre os dois, mas eles são flexíveis. Os grupos envolvem-se em planejamento e treinamento conjuntos. O grupo de vendas entende e usa terminologia de marketing, como "proposta de valor" e "imagem da marca". O pessoal de marketing debate com vendedores sobre contas importantes. Eles também desempenham um papel nas vendas transacionais ou de commodities.

Integrado

Quando vendas e marketing estão plenamente integrados, os limites se tornam difusos. Os dois grupos redesenham o relacionamento para compartilhar estruturas, sistemas e recompensas. Marketing e vendas – este em menor grau – começam a se concentrar em tarefas estratégicas, voltadas para o futuro (percepção de mercado, por exemplo), e às vezes se dividem em grupos estratégicos e táticos. O pessoal de marketing está profundamente integrado na administração das contas principais. Os dois grupos desenvolvem e implementam métricas compartilhadas. O planejamento do orçamento torna-se mais flexível e menos contencioso. Desenvolve-se uma cultura de "se erguer ou cair juntos".

Projetamos uma ferramenta que pode ajudar organizações a avaliar o relacionamento entre os departamentos de vendas e de marketing. (Ver a tabela na página seguinte.) Desenvolvemos essa ferramenta originalmente para nos ajudar a compreender os dados que colhemos para a nossa pesquisa, mas os executivos participantes do estudo apropriaram-se rapidamente dela para uso próprio. Sem esse tipo de ferramenta objetiva os gerentes têm dificuldade para julgar suas culturas e seus ambientes de trabalho.

Movendo para cima

Quando uma organização compreende a natureza do relacionamento entre os departamentos de marketing e de vendas, seus altos gerentes podem desejar um alinhamento mais forte entre esses dois setores. (Mas nem sempre isso é necessário. O quadro "Precisamos ser mais alinhados?", na página 41, pode ajudar as empresas a decidir se mudam ou não.)

Em que medida vendas e marketing trabalham bem juntos?

A intenção desta ferramenta é ajudar você a avaliar em que medida seus departamentos de vendas e de marketing estão alinhados e integrados. Peça aos seus diretores de vendas e de marketing (assim como às suas equipes) para avaliar cada uma das declarações abaixo em uma escala de 1 a 5 na qual 1 é "Discordo plenamente" e 5 é "Concordo plenamente". Some os totais e use os intervalos de pontuação para determinar o tipo de relacionamento que vendas e marketing possuem na sua empresa. Quanto mais alta a pontuação, mais integradas as equipes. (Várias empresas descobriram que suas equipes de vendas e de marketing possuem percepções bastante diferentes sobre em que medida trabalham bem juntas – o que por si só já é bastante interessante.)

Pontuação
20-39: Indefinido   60-79: Alinhado
40-59: Definido   80-100: Integrado

	Discordo plenamente 1	Discordo 2	Neutro 3	Concordo 4	Concordo plenamente 5
1. Nossos números de vendas geralmente ficam próximos da previsão.					
2. Se coisas dão errado, ou se os resultados são decepcionantes, nenhum setor acusa ou culpa o outro.					
3. O departamento de marketing costuma se reunir com clientes principais durante o processo de venda.					
4. O marketing solicita a participação do departamento de vendas para elaborar o plano de marketing.					
5. Nossos vendedores acreditam que o material fornecido pelo marketing é uma ferramenta valiosa para ajudá-los a conseguir mais vendas.					
6. A equipe de vendas tem boa vontade em fornecer feedback solicitado pelo marketing.					
7. Existe um volume substancial de linguagem comum entre vendas e marketing.					

8. Os chefes de vendas e de marketing costumam conversar sobre questões estratégicas, tais como geração de ideias, percepção de mercado, ou *market sensing*, e estratégia de desenvolvimento de produtos.

9. Vendas e marketing trabalham juntos para definir o comportamento de compras por segmentos.

10. Quando vendas e marketing se reúnem, não precisam passar muito tempo resolvendo disputas ou gerenciando crises.

11. Os diretores de vendas e de marketing trabalham juntos em planejamento de negócios para produtos e serviços que só serão lançados daqui a no mínimo dois anos.

12. Discutimos e usamos métricas comuns para determinar o sucesso de vendas e marketing.

13. O marketing participa ativamente na definição e na execução da estratégia de vendas para contas principais individuais.

14. Vendas e marketing gerenciam suas atividades em conjunto utilizando funis, processos ou pipelines desenvolvidos para abranger a cadeia de negócios – da percepção de mercado inicial ao atendimento ao cliente.

15. O marketing faz uma contribuição significativa para analisar dados do funil de vendas e usar esses dados para melhorar a previsibilidade e a eficiência do funil.

16. Vendas e marketing compartilham uma forte cultura do tipo "Nos erguemos ou caímos juntos".

17. Vendas e marketing se reportam a um único diretor de comunicações, diretor financeiro ou alto executivo equivalente.

18. Existe um intercâmbio significativo de pessoas entre vendas e marketing.

19. Vendas e marketing se juntam para desenvolver e aplicar programas de treinamento, eventos e oportunidades de aprendizado para suas respectivas equipes.

20. Vendas e marketing participam ativamente da preparação e da apresentação dos planos um do outro para os altos executivos.

____ + ____ + ____ + ____ + ____ + ____ = ____ Total

Mudando de indefinido para definido

Se a unidade de negócios ou a empresa é pequena, membros de vendas e de marketing podem desfrutar de relacionamentos bons e informais que não precisam sofrer interferências. Isso é especialmente verdadeiro se o papel principal do marketing é apoiar a equipe de vendas. Contudo, altos gerentes devem intervir se conflitos surgem com frequência. Como destacamos antes, isso geralmente acontece porque os grupos estão competindo por recursos escassos e porque seus respectivos papéis não foram claramente definidos. Nesse estágio, gerentes precisam criar regras de convívio claras, incluindo pontos de entrega de tarefas importantes como dar seguimento a *leads* de vendas.

Mudando de definido para alinhado

O estado definido pode ser confortável para ambas as partes. "Pode não ser perfeito", opinou um vice-presidente de vendas, "mas está bem melhor do que antes." No entanto, permanecer nesse nível não vai funcionar se seu ramo de atividade estiver mudando de maneiras significativas. Se o mercado está se tornando comoditizado, por exemplo, uma equipe de vendas tradicional pode se tornar dispendiosa. Se estiver se movendo rumo à customização, a equipe de vendas precisará atualizar suas habilidades. Os diretores de vendas e de marketing podem querer alinhar o relacionamento entre seus setores e acrescentar novas habilidades em conjunto. Para transformar um relacionamento definido em alinhado:

Estimule a comunicação disciplinada. Quando se trata de melhorar o relacionamento entre quaisquer segmentos que sejam, o primeiro passo, inevitavelmente, envolve melhorar a comunicação. Mas isso não é tão simples quanto *aumentar* a comunicação entre dois grupos. Custa caro estabelecer mais comunicação. Isso requer tempo e atrasa a tomada de decisões. Em vez disso, defendemos uma comunicação mais *disciplinada*. Faça reuniões regulares entre vendas e marketing (no mínimo uma vez a cada três meses). Assegure-se de que oportunidades importantes, assim como qualquer problema, estejam na ordem do dia. Concentre as discussões em medidas que vão resolver problemas e talvez até criar oportunidades. As equipes de vendas e de marketing precisam saber *quando* e *com quem* eles devem se

Precisamos ser mais alinhados?

A natureza dos relacionamentos entre vendas e marketing na sua organização pode ser de todos os tipos – de indefinida (os grupos atuam independentemente um do outro) a integrada (os grupos compartilham estruturas, sistemas e recompensas). Nem toda empresa vai querer – ou precisar – mudar de indefinida para definida ou de definida para alinhada. A tabela a seguir pode ajudar você a decidir sob quais circunstâncias sua empresa deve fortalecer a integração entre vendas e marketing.

	Indefinido	**Definido**	**Alinhado**
Não faça nenhuma mudança se...	A empresa é pequena. As equipes mantêm bons relacionamentos informais entre si. O marketing funciona apenas como apoio ao departamento de vendas.	Os produtos e serviços da companhia são bem definidos. Papéis tradicionais de marketing e de vendas funcionam nesse mercado. Não há um motivo claro e convincente para mudanças.	A companhia carece de uma cultura de responsabilidade compartilhada. Vendas e marketing se reportam separadamente. O ciclo de vendas é curto.
Fortaleça a integração entre vendas e marketing se...	Há conflitos evidentes entre os dois setores. Existe duplicação de esforços entre as funções ou tarefas não são feitas. Os setores competem por recursos ou financiamento.	Mesmo com uma cuidadosa definição de papéis, existe duplicação de esforços entre os setores ou tarefas não são feitas. O mercado é comoditizado, o que encarece a manutenção de uma equipe de vendas. Produtos são desenvolvidos, prototipados ou customizados extensivamente durante o processo de vendas. Ciclos de vida dos produtos estão encurtando e mudanças tecnológicas estão se acelerando.	Um processo comum ou funil de negócios pode ser criado para gerenciar e mensurar atividades geradoras de receita.

→ Mudar para definido → Mudar para alinhado → Mudar para integrado

comunicar. As companhias devem desenvolver processos sistemáticos e dar orientações como "Você deve envolver o gerente de marca sempre que a oportunidade de vendas for acima de 2 milhões de dólares", "Não vamos imprimir nenhum material de marketing que os vendedores não tenham revisado" ou "O marketing será convidado a revisar as dez contas mais importantes". As empresas também precisam estabelecer um banco de dados de "quem chamar" atualizado e fácil de usar. Pessoas ficam frustradas – e desperdiçam tempo – procurando por ajuda nos lugares errados.

Crie tarefas conjuntas; faça rotação de cargos. Conforme as funções vão ficando mais bem alinhadas, é importante criar oportunidades para que o pessoal de marketing e o de vendas trabalhem juntos. Isso os deixará mais familiarizados com o jeito do outro de pensar e de agir. É útil que a equipe do marketing, particularmente gerentes de marca e pesquisadores, participe ocasionalmente das visitas de vendas. Eles devem focar em desenvolver soluções alternativas para clientes no começo do processo de vendas e também estar presentes em sessões de planejamento de contas importantes. Vendedores, por sua vez, precisam ajudar a desenvolver planos de marketing e participar de revisões de planejamento de produtos. Devem ver anúncios e campanhas promocionais com antecedência e compartilhar seu profundo conhecimento sobre os hábitos de compra dos clientes. Juntas, as equipes de marketing e de vendas devem gerar um manual estratégico para expandir os negócios com as dez contas principais em cada segmento de mercado e também planejar eventos e conferências.

Nomeie um intermediário de marketing para trabalhar com a equipe de vendas. O intermediário precisa ser alguém em quem os dois grupos confiem. A função dessa pessoa será ajudar a resolver conflitos e compartilhar com cada grupo o conhecimento tácito do outro grupo. É importante não microgerenciar as atividades do intermediário. Um dos participantes do nosso estudo, do setor de marketing, descreveu o papel do intermediário da seguinte maneira: "Trata-se de uma pessoa que vive com a equipe de vendas. Ela vai às reuniões da equipe, às reuniões com clientes e às reuniões de estratégia para clientes. Não desenvolve produtos; ela volta e diz: 'O mercado precisa disto aqui. Isto é o que está despontando.' Depois ela trabalha juntamente com os vendedores e com os clientes principais para desenvolver produtos."

Coloque o pessoal de marketing e de vendas no mesmo espaço. É uma verdade simples e antiga que, quando pessoas estão fisicamente próximas, elas interagem com mais frequência e ficam mais propensas a trabalhar bem juntas. Um banco que estudamos alocou suas equipes de vendas e de marketing em um shopping center vazio: grupos diferentes dentro de vendas e de marketing ficaram posicionados cada um diante de uma loja. Particularmente nos primeiros estágios da mudança para um relacionamento mais alinhado, esse tipo de proximidade é uma grande vantagem. A maioria das empresas, contudo, mantém o pessoal de marketing todo junto, enquanto os membros da equipe de vendas ficam geograficamente dispersos. Tais organizações precisam se esforçar mais para facilitar a comunicação entre vendas e marketing e para criar atividades compartilhadas.

Melhore o feedback da equipe de vendas. O pessoal de marketing costuma reclamar que os vendedores estão ocupados demais para compartilhar seus insights, experiências e ideias. De fato, pouquíssimos vendedores se sentem estimulados a despender seu precioso tempo passando informações sobre clientes para o departamento de marketing. Afinal de contas, eles têm metas a cumprir e tempo limitado para se encontrar com os clientes e fazer suas vendas. Para tornar vendas e marketing mais alinhados, altos gerentes precisam assegurar que a experiência da equipe de vendas possa ser explorada com o mínimo de interrupções. Por exemplo, o marketing pode pedir ao vice-presidente de vendas para resumir qualquer insight da equipe de vendas para o mês ou o trimestre. Ou então projetar formulários mais curtos, revisar relatórios de visita a clientes e dados da gestão do relacionamento com o cliente (CRM) de forma independente, ou ainda pagar vendedores para que fiquem disponíveis para entrevistadores do grupo de marketing e façam um resumo sobre o que seus colegas de vendas estão pensando.

Mudando de alinhado para integrado

A maioria das organizações funcionará bem quando os departamentos de vendas e de marketing estiverem alinhados. Isso é especialmente verdade se o ciclo de vendas for curto, o processo de vendas bastante objetivo e a companhia não tiver uma cultura forte de responsabilidade compartilhada. Em situações complicadas ou de mudanças rápidas, há boas razões para que o relacionamento entre vendas e marketing seja integrado (a tabela "Checklist da integração entre vendas e marketing" enumera as questões sobre as quais você vai precisar refletir). Isso significa integrar atividades objetivas como planejamento, definição de público-alvo, avaliação de clientes e desenvolvimento de propostas de valor. No entanto, é mais difícil integrar os processos e sistemas dos dois grupos: estes precisam ser substituídos por processos, métricas e sistemas de recompensas em comum. As empresas precisam desenvolver bancos de dados compartilhados, assim como mecanismos para melhoria contínua. O mais difícil de tudo é mudar a cultura para apoiar a integração. Os melhores exemplos de integração que encontramos foram em companhias que já enfatizavam responsabilidade compartilhada e planejamento disciplinado, se guiavam por métricas, atrelavam recompensas a resultados e eram gerenciadas por meio de sistemas e processos. Para transformar um relacionamento alinhado em um integrado:

Nomeie um diretor de receitas (ou de clientes). O principal argumento para integrar vendas e marketing é que esses dois setores possuem um objetivo comum: a geração de receitas crescente. Faz sentido colocar os dois setores sob a chefia de apenas um alto executivo. Companhias como Campbell's Soup, Coca-Cola e FedEx têm um diretor de receitas (CRO) que é responsável por planejar e entregar o faturamento necessário para atingir objetivos corporativos. O CRO precisa ter controle sobre os aspectos que afetam as receitas – especificamente marketing, vendas, serviços e definição de preços. Esse executivo também poderia ser um diretor de comunicações (CCO), título usado em companhias como Kellogg's, Sears Roebuck e United Air Lines. O CCO pode ser mais como um ombudsman de clientes ou defensor dos clientes em algumas companhias, mas o título também pode indicar a responsabilidade maior de um executivo sobre o gerenciamento das receitas.

Defina os passos nos funis de marketing e de vendas. Os setores de vendas e de marketing são responsáveis por uma sequência de atividades e

Checklist da integração entre vendas e marketing

Para atingir a integração entre vendas e marketing, sua empresa precisa se concentrar nas seguintes tarefas:

Integrar atividades	Integrar processos e sistemas	Capacitar a cultura	Integrar estruturas organizacionais
☐ Envolver conjuntamente vendas e marketing em planejamento de produtos e na definição de público-alvo. ☐ Envolver conjuntamente vendas e marketing em gerar proposições de valor para diferentes segmentos de mercado. ☐ Envolver conjuntamente vendas e marketing em avaliar as necessidades do consumidor. ☐ Envolver conjuntamente vendas e marketing em autorizar materiais de publicidade. ☐ Envolver conjuntamente vendas e marketing em analisar as maiores oportunidades oferecidas pelos segmentos de mercado.	☐ Implementar sistemas para monitorar e gerenciar as atividades conjuntas de vendas e marketing. ☐ Utilizar e atualizar regularmente bancos de dados compartilhados. ☐ Estabelecer métricas comuns para avaliar os esforços bem-sucedidos de vendas e marketing. ☐ Criar sistemas de recompensas para valorizar esforços bem-sucedidos de vendas e de marketing. ☐ Estabelecer que equipes de vendas e de marketing se reúnam periodicamente para examinar e melhorar relacionamentos. ☐ Exigir que os diretores de vendas e de marketing participem um da revisão de orçamento do outro com o diretor executivo.	☐ Enfatizar para as diferentes divisões da organização que é de todos a responsabilidade pelos resultados. ☐ Enfatizar métricas. ☐ Atrelar recompensas a resultados. ☐ Impor a conformidade das divisões a sistemas e processos.	☐ Dividir marketing em equipes estratégicas e táticas. ☐ Contratar um diretor de receitas (CRO).

eventos (às vezes chamada de funil) que conduzem clientes à compra final e, espera-se, a relacionamentos contínuos. Tais funis podem ser descritos da perspectiva tanto do cliente quanto do vendedor. (Mostramos um funil típico baseado na sequência de decisões do cliente no quadro ao lado, "O funil de compras".) Geralmente o marketing é responsável pelos primeiros poucos passos – incutir no cliente a consciência de marca e a preferência pela mesma, criar um plano de marketing e gerar *leads* para vendas. Depois o pessoal de vendas executa o plano de marketing e dá seguimento aos *leads*. Essa divisão de trabalho tem seu mérito. Ela é simples e evita que o marketing se envolva demais em oportunidades de vendas individuais à custa de atividades mais estratégicas. Mas a transferência traz consequências graves. Se as coisas não vão bem, o pessoal de vendas pode dizer que o plano era fraco e o marketing pode dizer que os vendedores não se esforçaram ou não trabalharam com inteligência suficiente. E, nas empresas em que o marketing faz uma transferência, o pessoal de marketing pode perder contato com clientes ativos. Enquanto isso, o setor de vendas geralmente desenvolve o próprio funil descrevendo a sequência das tarefas de vendas.

Funis desse tipo – integrados ao sistema de CRM e em processos de previsão de vendas e de revisão de contas – formam um pilar cada vez mais importante para o gerenciamento de vendas. Infelizmente, com frequência o marketing não desempenha papel algum nesses processos. Algumas companhias do nosso estudo, no entanto, integraram o marketing ao funil de vendas. Durante a prospecção e a qualificação, por exemplo, o pessoal do marketing ajuda a equipe de vendas a criar padrões comuns para *leads* e oportunidades. Durante o estágio em que é necessária uma definição, o marketing ajuda o departamento de vendas a desenvolver propostas de valor. Na fase de desenvolvimento de soluções, o marketing fornece "material adicional de soluções" – modelos organizados e guias de customização para que os vendedores possam desenvolver soluções para clientes sem precisar reinventar a roda constantemente. Quando clientes estão próximos de tomar uma decisão, o marketing contribui com material de estudos de caso, histórias de sucesso e visitas ao local para ajudar a elucidar as preocupações do cliente. E, durante negociações de contrato, o marketing aconselha a equipe de vendas a respeito de planejamento e definição de preços. Obviamente, o envolvimento do marketing no funil de vendas

O funil de compras

Existe uma visão convencional que prega que o marketing deveria assumir a responsabilidade pelos primeiros quatro passos do funil de compras padrão: consciência do cliente, consciência de marca, consideração de marca e preferência pela marca. (O funil reflete as maneiras como marketing e vendas influenciam as decisões de compra dos clientes.) O marketing constrói preferência pela marca, cria um plano de marketing e gera *leads* para vendas antes de transferir a execução e as tarefas seguintes para vendas. Essa divisão de trabalho mantém o marketing focado em atividades estratégicas e impede que o grupo interfira em oportunidades de venda individuais. Mas, se as coisas não vão bem, o jogo da culpa tem início. O pessoal de vendas critica o plano para a marca e o marketing acusa o pessoal de vendas de não trabalhar com esforço ou inteligência suficientes.

O grupo de vendas é responsável pelos últimos quatro passos do funil – intenção de compra, compra, lealdade do cliente e defesa do cliente. O setor de vendas geralmente desenvolve o próprio funil para as tarefas de vendas que ocorrem durante os dois primeiros passos: prospecção, definição de necessidades, preparo e apresentação de propostas, negociação de contratos e implementação da venda. Exceto por alguma geração de *leads* no estágio de prospecção, o marketing quase nunca auxilia nessas tarefas.

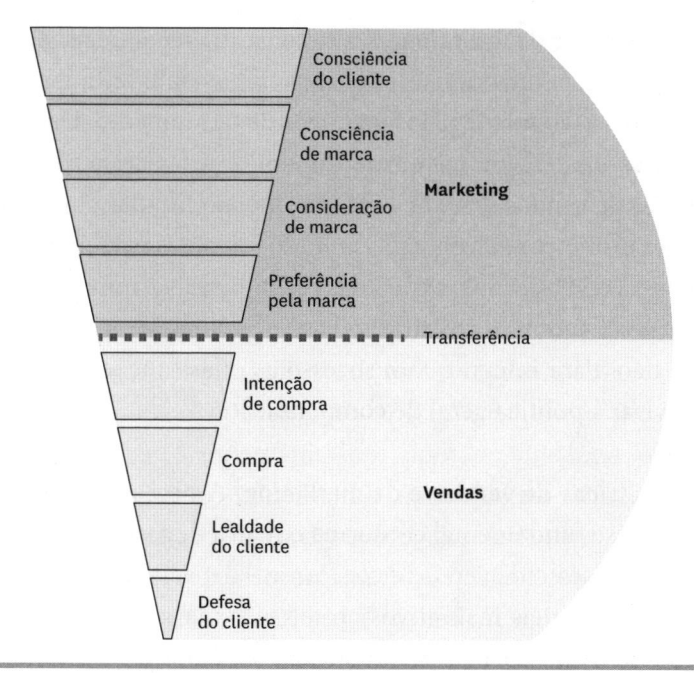

deve ser equiparado ao envolvimento do pessoal de vendas nas decisões estratégicas que o grupo de marketing está tomando. Vendedores deveriam trabalhar com as equipes de marketing e de pesquisa e desenvolvimento conforme elas decidissem como segmentar o mercado, quais produtos oferecer a quais segmentos e como posicionar esses produtos.

Divida o marketing em dois grupos. Existe um forte motivo para dividir o marketing em grupos estratégico e tático. O pessoal de marketing tático desenvolve campanhas de propaganda e de promoção, material adicional, estudos de caso e ferramentas de vendas. Ajuda vendedores a desenvolver e qualificar *leads* e usa pesquisa de mercado e feedback dos representantes de vendas para ajudar a vender produtos existentes em novos segmentos de mercado, a criar novas mensagens e a projetar melhores ferramentas de vendas. O pessoal de marketing estratégico envolve-se em percepção do cliente, ou seja, monitora a voz do cliente e desenvolve uma visão ampla das oportunidades e ameaças aos negócios da companhia. Compartilha seus insights com altos gerentes e desenvolvedores de produtos e participa do desenvolvimento de produtos.

Estabeleça metas de faturamento e sistemas de recompensas. A organização integrada não será bem-sucedida se vendas e marketing não compartilharem a responsabilidade pelos objetivos de faturamento. Um gerente de marketing nos disse: "Vou usar as ferramentas necessárias para assegurar que o pessoal de vendas seja eficiente, porque, no fim das contas, também sou avaliado pela meta de vendas." Contudo, uma das barreiras a objetivos em comum é a complicada questão das recompensas compartilhadas. Historicamente, vendedores trabalham à base de comissões, mas o pessoal de marketing não. Para integrar com sucesso as duas funções, a gerência vai precisar revisar a política geral de compensação.

Integre métricas de vendas e de marketing. A necessidade de métricas comuns torna-se fundamental conforme o marketing vai se tornando mais integrado ao processo de vendas e conforme o departamento de vendas vai desempenhando papéis mais ativos no setor de marketing. "Nossa empresa consegue ter uma relação próxima com o cliente porque se baseia em métricas que monitoram o desempenho tanto de vendas quanto do marketing", contou Larry Norman, presidente do Financial Markets Group, parte das companhias operadas pela Aegon USA. Em um nível macro, companhias como a General Electric têm "o número" – o objetivo de vendas com o qual tanto vendas quanto marketing se comprometem. Não há como escapar do fato de que, por mais bem integrados que vendas e marketing sejam, a empresa também vai desejar desenvolver métricas para medir e recompensar cada grupo de forma apropriada.

Métricas de vendas são mais fáceis de monitorar e definir. Algumas das medidas mais comuns são porcentagem da meta atingida, número de novos clientes, número de vendas fechadas, lucro bruto médio por cliente e custos de vendas em relação às vendas totais. Quando o pessoal do marketing tático se integra ao processo de vendas – por exemplo, como membros de equipes de contas principais –, é apenas lógico medir e recompensar seu desempenho usando métricas de vendas. Mas então como a companhia deveria avaliar seu pessoal de marketing estratégico? Tendo como base a precisão de sua previsão para produtos ou o número de novos segmentos de mercado que eles descobrem? A métrica vai variar de acordo com o tipo de trabalho do marketing. Altos gerentes precisam estabelecer medidas diferentes para gerentes de marca, pesquisadores de mercado, gerentes de sistemas de informação de marketing, gerentes de publicidade, gerentes de promoção de vendas, gerentes de segmentos de mercado e gerentes de produtos. É mais fácil estabelecer um conjunto de métricas se os propósitos e tarefas do pessoal de marketing estiverem bem definidos. Ainda assim, considerando que o pessoal de marketing estratégico está mais envolvido em plantar as sementes para um futuro melhor do que em ajudar na colheita atual, as métricas usadas para avaliar seu desempenho necessariamente se tornam mais flexíveis e mais críticas.

Obviamente, a diferença entre avaliar resultados atuais e futuros torna mais complicado para as companhias desenvolver métricas comuns para vendas e marketing. O pessoal de marketing estratégico, em particular, precisa ser avaliado de acordo com o que entrega no decorrer de um período mais longo. Vendedores, enquanto isso, estão tentando transformar demandas potenciais nas vendas de hoje. À medida que o relacionamento entre vendas e marketing se torna mais interativo e interdependente, a organização integrada continuará a lutar contra esse problema, que é difícil, mas com certeza não insuperável.

Altos gerentes com frequência descrevem o relacionamento de trabalho entre vendas e marketing como insatisfatório. Os dois setores, dizem eles, não se comunicam o suficiente, não apresentam o desempenho esperado e reclamam demais. Nem toda companhia vai querer – ou precisar – transformar seus relacionamentos definidos em alinhados ou os relacionamentos alinhados em integrados, mas toda empresa pode e deve melhorar o relacionamento entre vendas e marketing. Melhorias cuidadosamente planejadas vão trazer para o âmago da companhia o conhecimento íntimo que os vendedores têm de seus clientes. Essas melhorias também vão ajudar você a atender melhor os clientes que tem no momento e a construir melhores produtos para o futuro, além de fazer sua empresa combinar habilidades mais flexíveis, de construção de relacionamentos, com habilidades mais inflexíveis, ou analíticas. Vão forçar sua organização a considerar cuidadosamente como ela recompensa pessoas e se esses sistemas de recompensas são justos para todas as funções. O melhor de tudo é que esses aperfeiçoamentos vão ajudar você a acelerar o crescimento de receitas brutas e líquidas.

Publicado originalmente em julho-agosto de 2006.

3
Equipare a estrutura da sua equipe de vendas com o ciclo de vida do seu negócio

Andris A. Zoltners, Prabhakant Sinha e Sally E. Lorimer

PARA VENCER, EQUIPES DE CICLISMO INTELIGENTES equiparam suas estratégias aos estágios de uma corrida. Nas retas planas, membros da equipe se revezam pedalando na frente porque é mais fácil para o líder da equipe pedalar quando alguém à sua frente está cortando o vento. Nas montanhas, alguns ciclistas tornam a tarefa mais fácil para o líder definindo o ritmo e escolhendo a melhor linha de subida. Nas provas de tempo, alguns ciclistas mantêm velocidades constantes por longas distâncias para reduzir o tempo médio da equipe. Talento sempre é importante, mas na maioria das corridas a forma de empregar esse talento ao longo do tempo, em diversos contextos e formações, faz a diferença entre vencer e perder.

Essa é uma lição que líderes de vendas devem aprender. Embora companhias dediquem quantidades consideráveis de tempo e dinheiro a gerenciar suas equipes de vendas, poucas pensam o bastante em como a equipe de vendas precisa mudar ao longo do ciclo de vida de um produto ou negócio. Contudo, mudanças na estrutura da equipe de vendas são essenciais se uma empresa deseja continuar vencendo a corrida por clientes. Especificamente, as empresas precisam alterar quatro fatores ao longo do tempo: os papéis que a equipe de vendas e os parceiros de vendas desempenham; o tamanho da equipe de vendas; o grau de especialização da equipe de vendas; e a forma dos vendedores de distribuir seus esforços entre diferentes clientes, produtos e atividades. Essas variáveis são fundamentais porque determinam a velocidade de reação das equipes de vendas a oportunidades de mercado, influenciam o desempenho das equipes de vendas e afetam as receitas, os custos e a lucratividade das empresas.

Reconhecidamente, não é fácil para uma companhia mudar a composição e as atividades de sua equipe de vendas. Vendedores e clientes são resistentes a mudanças, muitas vezes com veemência. Se uma empresa começa a contratar especialistas em vez de vendedores de propósito geral, por exemplo, ou transfere contas de representantes de vendas de campo para a equipe de televendas, os vendedores existentes vão precisar aprender a vender novos produtos e encerrar alguns relacionamentos com clientes. Se eles ganham comissões ou bônus, a renda deles pode cair no curto prazo. Os clientes também vão precisar se ajustar a novos processos e estabelecer relacionamentos com novos vendedores. Como resultado, as empresas tendem a mudar suas estruturas de vendas somente quando grandes acontecimentos – como fracasso em atingir metas, mudança nas estratégias de rivais ou fusões – as obrigam a fazer isso.

Tal conservadorismo não é bom para as empresas. A estrutura da equipe de vendas que funciona durante o período de startup é diferente da que funciona quando o negócio está crescendo, durante sua maturidade e seu declínio. As quatro fases do ciclo de vida podem coexistir: algumas companhias apresentam características de mais de um estágio ao mesmo tempo. Muitos negócios passam pelos quatro estágios um de cada vez, mas, quando novos mercados ou tecnologias emergem, as companhias também podem passar pelos estágios do ciclo de vida em uma ordem aleatória. Atualmente

Em resumo

Embora companhias dediquem quantidades consideráveis de tempo e de dinheiro a gerenciar suas equipes de vendas, poucas pensam o bastante em como a estrutura da equipe de vendas precisa mudar ao longo do ciclo de vida de um produto ou de um negócio. Contudo, se uma empresa deseja continuar vencendo a corrida por clientes, os objetivos da operação de vendas precisam evoluir à medida que a própria empresa estiver passando pelo seu ciclo de vida: startup, crescimento, maturidade e declínio.

Especificamente, empresas devem considerar e alterar quatro fatores ao longo do tempo: os papéis que vendedores internos e parceiros de vendas externos precisam desempenhar, o tamanho da equipe de vendas, seu grau de especialização e a forma dos vendedores de distribuir seus esforços entre diferentes clientes, produtos e atividades. Essas variáveis são fundamentais porque determinam a velocidade de reação das equipes de vendas a oportunidades de mercado, influenciam o desempenho de representantes de vendas e afetam as receitas, os custos e a lucratividade das companhias.

Neste artigo os autores usam séries temporais de dados e casos para explicar como, em cada estágio, empresas podem lidar melhor com questões relevantes e obter o máximo de suas equipes de vendas. Enquanto são startups, companhias inteligentes se concentram em decidir o tamanho que sua equipe de vendas deve ter e se podem depender de parceiros de vendas. Na fase de crescimento, se concentram em alcançar o grau de especialização e o tamanho corretos da equipe de vendas. Quando os negócios atingem a maturidade, as companhias alocam melhor os recursos existentes e contratam mais vendedores de propósito geral. Finalmente, conforme as organizações entram em declínio, líderes de vendas sábios reduzem o tamanho das equipes de vendas e usam parceiros para manter o negócio de pé pelo máximo de tempo possível.

a tendência é passar pelas quatro fases mais rapidamente do que antes, o que torna ainda mais importante ter uma equipe de vendas flexível.

Nos últimos 25 anos, nós e nossos colegas na ZS Associates estudamos as estruturas das equipes de vendas de aproximadamente 2.500 negócios em 68 países. Nossa pesquisa mostrou que companhias que mudam as estruturas de suas equipes de vendas de maneiras que correspondem aos estágios por que um produto ou um negócio passam em seu ciclo de vida são mais bem-sucedidas do que aquelas que não o fazem.

Enquanto ainda são startups, companhias inteligentes se concentram em decidir se devem depender de parceiros de vendas ou criar as próprias equipes de vendas. Se decidem ter a própria equipe, tomam muito cuidado para montá-la do tamanho correto. À medida que empresas crescem, questões de tamanho se tornam ainda mais importantes. Além disso, executivos precisam decidir quando investir em forças de vendas especializadas. Quando os negócios atingem a maturidade, a ênfase passa a recair em tornar equipes de vendas mais eficientes – o que se faz por meio de nomeação de gerentes de contas e melhor alocação dos recursos para os vendedores – e em baratear a mão de obra – contratando, por exemplo, funcionários de televendas e assistentes de vendas. Finalmente, à medida que as organizações entram em declínio, a atenção dos líderes de vendas se volta para a redução do tamanho da equipe de vendas e o uso de maneiras ainda menos dispendiosas para abranger todos os mercados. Nas próximas páginas vamos explorar em profundidade como companhias podem desenvolver as melhores estruturas de equipes de vendas para cada um dos quatro estágios do ciclo de vida dos negócios. (Veja a tabela "Os quatro fatores para uma equipe de vendas bem-sucedida".)

Startup: Fazendo os movimentos certos com antecedência

Líderes de vendas de novas companhias e de novas divisões de companhias existentes estão ansiosos para explorar oportunidades de mercado e se sentem pressionados a demonstrar sucesso rapidamente. Embora uma startup tenha que se preocupar o tempo todo com custos de vendas, uma nova divisão pode se valer de parte dos recursos financeiros e humanos da empresa matriz. Ainda assim, como as equipes de vendas de uma

Os quatro fatores para uma equipe de vendas bem-sucedida

Uma companhia deve se concentrar em aspectos diferentes da estrutura da sua equipe de vendas ao longo do seu ciclo de vida, assim como ela equipara a estratégia para clientes ao ciclo de vida de um produto.

	ESTÁGIO DO CICLO DE VIDA DO NEGÓCIO			
	Startup	Crescimento	Maturidade	Declínio
	ÊNFASE			
Papel da equipe de vendas e de parceiros de vendas	HHHH	HH	H	HHH
Tamanho da equipe de vendas	HHH	HHHH	HH	HHHH
Grau de especialização	H	HHHH	HHH	HH
Alocação de recursos para a equipe de vendas	HH	H	HHHH	H
	ESTRATÉGIA SUBJACENTE PARA CLIENTES			
	Criar consciência e gerar consumo rápido de produtos.	Penetrar mais profundamente nos segmentos existentes e desenvolver novos segmentos.	Concentrar-se em servir e reter clientes já existentes com eficiência.	Enfatizar eficiência, proteger relacionamentos cruciais com clientes, sair de segmentos desconfortáveis.

nova companhia e de uma divisão precisam criar consciência sobre novos produtos e gerar vendas rápidas, ambos os tipos de organização enfrentam os mesmos dilemas estruturais.

Fazer você mesmo ou terceirizar?

A decisão principal a se tomar quando se abre um novo negócio é se seus produtos devem ser vendidos aos clientes diretamente ou por meio de parceiros. Embora muitos empreendedores terceirizem a função de vendas, essa nem sempre pode ser a decisão mais acertada.

É fato que, atrelando-se a outras companhias, novos empreendimentos economizam os custos de montar e manter equipes de vendas. Parcerias também podem ajudar executivos a administrar melhor os riscos, já que startups com frequência só pagam comissões por vendas; se os produtos não forem vendidos, os custos serão mínimos. Além disso, novos negócios podem entrar rapidamente em mercados se estabelecerem parceria com companhias que possuem experiência de vendas, influência sobre canais de vendas e relacionamento com clientes em potencial. Por exemplo, na década de 1990 a Siebel Systems usou consultores de integração de sistemas, como a Accenture, para construir com rapidez seu empreendimento de negócios de software.

Companhias que decidem terceirizar a função de vendas devem segmentar o mercado e desenvolver processos de venda que satisfaçam as necessidades de cada segmento. Depois devem escolher um ou mais parceiros que vão implementar esses processos de venda com eficiência. Para ter sucesso, uma companhia precisa da atenção desses parceiros. Startups precisam desenvolver sistemas de gerenciamento de parcerias que incluam programas de marketing e esquemas de incentivo e ofereçam aos parceiros de vendas estímulo, assistência nos processos, análise de vendas e dados de usuários finais. Com muita frequência as empresas dependem de investimento financeiro para motivar parceiros, sem se dar conta de que incentivos não são um substituto para sistemas e supervisão. As empresas devem monitorar de perto o desempenho, encerrar rapidamente acordos com parceiros que não atendam às expectativas e passar a vender diretamente quando for de seu interesse de longo prazo fazer isso.

Pelo que observamos, muitos negócios ficam dependendo de seus parceiros de venda por tempo demais. Quando terceirizam a função de vendas, as companhias não controlam essa atividade, têm pouco poder sobre os vendedores, não ganham nenhuma potência de canal e não mantêm relacionamentos com clientes. Com o passar do tempo, torna-se mais difícil, e não menos, retomar essa responsabilidade e depender menos de parceiros de vendas. Muitas empresas ficam presas em parcerias que inibem o próprio crescimento. Veja o caso da SonoSite. Quando lançou a primeira máquina de ultrassom portátil em 1999, a empresa decidiu usar um distribuidor conhecido para vender o produto nos Estados Unidos. Como o aparelho de ultrassom era tecnologicamente complexo, o distribuidor precisava dar muitas explicações aos clientes em potencial. Isso demandava muitas etapas para o processo de venda, o que não acontecia com os outros produtos que o distribuidor vendia. Depois de dois anos de vendas decepcionantes, a SonoSite abandonou o distribuidor e começou ela própria a vender o aparelho. Um ano depois de ela ter montado uma equipe de vendas própria, seu faturamento aumentou 79%.

Embora a terceirização seja popular hoje em dia, estamos convencidos de que companhias devem usar parceiros de vendas apenas se a intenção for obter vantagens estratégicas, assim como benefícios em termos de custos. As possíveis vantagens são inúmeras. Muitos parceiros transformam produtos em soluções, o que pode aumentar muito as vendas. Por exemplo, revendedores de valor agregado criam sistemas que combinam o próprio software com o hardware de computadores de diferentes fabricantes. Startups também ganham acesso a clientes quando seus produtos se tornam parte de uma variedade oferecida pelo cliente. Por exemplo, um fabricante de acessórios para computadores pode se beneficiar ligando-se ao distribuidor CDW, que fornece uma gama de equipamentos de informática nos Estados Unidos. Somente quando os parceiros fornecem vantagens estratégicas é provável que os relacionamentos resistam.

Qual deve ser o tamanho da equipe de vendas?

Durante a fase startup, equipes de vendas precisam explicar os produtos para clientes potenciais e provocar mudanças nos processos de compra dos clientes antes de tentar gerar vendas. Vendedores também precisam correr atrás e fazer todas as vendas possíveis para impulsionar o negócio. Isso é muito trabalhoso, mas novos empreendimentos possuem capital limitado para investir em atração e desenvolvimento de bons vendedores. Como resultado, muitos novos negócios adotam uma abordagem do tipo "Conquiste seu caminho" para definir o tamanho de suas equipes de vendas – elas começam pequenas e vão crescendo conforme a empresa consegue capital para pagar por mais vendedores.

Essa abordagem parece lógica, mas com frequência resulta em companhias deixando de investir dinheiro onde seria fundamental para gerar lucros (veja o esquema "Comparação entre estratégias de dimensionamento da equipe de vendas" na página seguinte.) Entre 1998 e 2004, previmos as consequências de vendas e lucros de diferentes tamanhos de equipes de vendas para onze startups no mercado da saúde. Em dez dessas companhias, os líderes de vendas escolheram criar equipes menores do que seria o ideal. Na verdade, o tamanho médio foi apenas 64% do ideal. Por não contratarem vendedores suficientes, cada uma dessas companhias perdeu a oportunidade de lucrar dezenas de milhões de dólares em vendas adicionais nos seus três primeiros anos. O mais impressionante foi que apenas um negócio adotou o tamanho ideal de equipe de vendas durante o estágio de startup – e progrediu para se tornar líder em um segmento de mercado assoberbado.

Não culpamos os líderes de vendas por investir com cautela quando estão com pouco dinheiro ou quando o futuro é incerto. O problema é que a maioria das companhias não aumenta os investimentos em equipes de vendas mesmo quando o futuro se mostra com nitidez. No momento em que sinais de sucesso surgem, as empresas devem, de forma rápida e agressiva,

---

Comparação entre estratégias de dimensionamento da equipe de vendas

As empresas geralmente começam a vida com equipes de vendas muito pequenas. Os gráficos mostram o impacto de três cenários diferentes de dimensionamento da equipe de vendas nos lucros de uma companhia farmacêutica. Os valores são projeções baseadas em modelos matemáticos. A companhia farmacêutica, que começou com trezentos vendedores, descobriu que uma abordagem do tipo "Conquiste seu caminho" (aumento da equipe conforme as receitas aumentam) resultou em uma contribuição mais alta no primeiro ano, mas proporcionou a menor contribuição ao longo de três anos. A contribuição de mais longo prazo foi a que teve mais lucros adotando uma estratégia de "Cresça rápido" (rápido aumento do tamanho da equipe de vendas para o nível ideal de longo prazo).

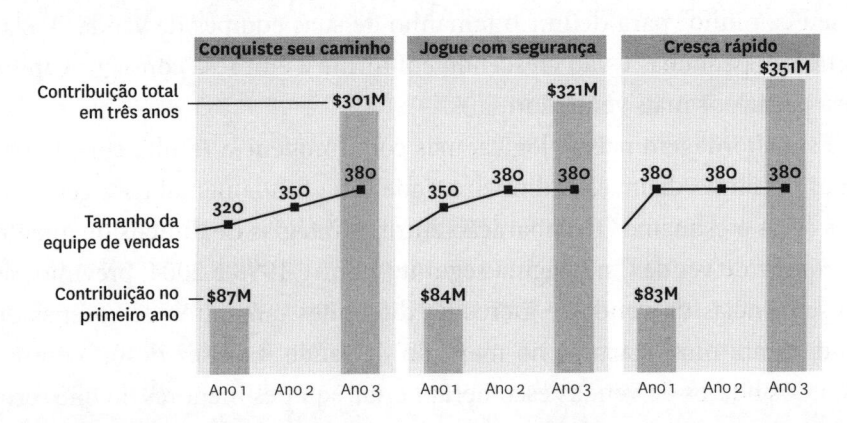

	Conquiste seu caminho	Jogue com segurança	Cresça rápido
Contribuição total em três anos	$301M	$321M	$351M
Tamanho da equipe de vendas (Ano 1, Ano 2, Ano 3)	320, 350, 380	350, 380, 380	380, 380, 380
Contribuição no primeiro ano	$87M	$84M	$83M

aumentar o tamanho de suas equipes de vendas. Do contrário, perderão vendas e lucros – e talvez até seu futuro.

Crescimento: o sucesso como base

Durante o estágio de startup, as linhas de produtos de muitas empresas são limitadas e as empresas operam em um número pequeno de mercados. À medida que os negócios crescem, seus portfólios de produtos aumentam e suas equipes de vendas precisam visitar clientes em potencial em um conjunto mais amplo de mercados. Isso repercute em dois desafios para os gerentes de vendas: especialização e tamanho.

A necessidade de especialização

Na fase de crescimento, manter uma equipe de vendas de generalistas que vendem toda sua linha de produtos para todos os mercados é uma medida que pode não ser suficiente para muitas empresas. Vendedores precisam dominar múltiplos produtos, mercados e tarefas de vendas nesse estágio. À medida que vendas repetidas se tornam uma proporção maior das vendas, os clientes vão exigir serviço e suporte, fazendo com que os vendedores acumulem funções. À medida que os vendedores não conseguem dar conta de todas as suas tarefas, eles ficam propensos a abandonar os clientes, produtos e atividades de vendas mais difíceis de administrar. Infelizmente, isso pode significar que oportunidades lucrativas ou estratégicas para o negócio acabem ficando para trás. Nesse ponto, as companhias devem montar equipes de vendas especializadas.

Algumas equipes de vendas especializadas se concentram em produtos, outras em mercados e há ainda aquelas que se atêm a segmentos de clientes. Equipes de vendas também podem se especializar em certas atividades: alguns vendedores concentram-se em conquistar novos clientes e outros em prestar serviços a clientes já existentes. Todo tipo de especialização tem benefícios e custos. Por exemplo, especialização em mercados reduz o foco dos vendedores em produtos, enquanto especialização em produtos ou atividades obriga os clientes a lidar com múltiplos vendedores. Muitas empresas, portanto, criam estruturas híbridas que incluem ao mesmo tempo generalistas e especialistas em mercados, produtos e atividades. Uma conhecida empresa de software contratou gerentes de contas para focar em todas as necessidades de seus principais clientes. Seus especialistas em produtos visitam clientes de tamanho médio que não geram transações que justifiquem o uso de um gerente de contas, ao passo que seus vendedores generalistas dão conta das empresas pequenas cujas necessidades não justificam a visita de vários especialistas em produtos.

A transição de uma equipe de vendas com propósitos múltiplos para uma especializada é sempre difícil. O trabalho muda consideravelmente e o relacionamento com clientes acaba sofrendo interferência. O departamento de vendas pode precisar adotar técnicas baseadas em equipes, tornando vitais a coordenação e a colaboração. As pessoas que triunfam em um cenário baseado em várias equipes provavelmente serão diferentes dos lobos solitários que se saem bem em uma equipe de vendas tradicional. Consequentemente, companhias podem precisar recontratar parte de suas equipes de vendas.

Negócios que se reerguem enfrentam uma dificuldade um pouco diferente. Quando uma companhia volta para a marcha de crescimento depois de um período de maturidade ou declínio, suas novas ofertas terão propostas de valor diferentes e poderão ser colocadas em novos mercados. Vendedores vão precisar fazer negócios de outro modo e de treinamento para fazê-lo. Companhias podem considerar dividir suas equipes de vendas em dois grupos especializados: um cuida dos produtos antigos e outro dos novos. Se nem treinamento nem reestruturação derem resultado, a companhia pode precisar substituir a equipe de vendas.

Quando trocam-se equipes de vendas generalistas por especializadas, a empresa precisa pensar novamente no dimensionamento desses grupos. Por um lado, especialistas vão precisar cobrir distâncias maiores do que os generalistas cobriam para visitar o mesmo número de clientes; isso significa que eles vão perder mais tempo viajando. A companhia, portanto, precisará de mais vendedores especialistas para atender toda sua base de clientes. Por outro lado, especialistas são mais eficientes do que generalistas, portanto cada visita de vendas será mais lucrativa.

Acertando o tamanho

Crescimento é geralmente um período feliz na evolução de uma equipe de vendas. As vendas ocorrem de modo relativamente fácil e os vendedores ficam cheios de otimismo. Ainda assim, as companhias com frequência cometem erros graves quando dimensionam suas equipes de vendas. Continuam com uma equipe menor do que a necessária e, como resultado, ficam incapazes de capitalizar todas as oportunidades que existem.

A maioria das empresas é conservadora ao investir em vendedores porque não se dá conta de que aumentar o tamanho da equipe de vendas tem consequências a curto e longo prazo. Quando novos vendedores entram em jogo, eles inicialmente geram pouco aumento de receita. Com o passar do tempo, o impacto deles se torna maior. Isso acontece por vários motivos. Primeiro, novos vendedores não são tão eficientes quanto serão quando se tornarem veteranos. Segundo, em mercados com longos ciclos de vendas são necessários meses de esforço até que os vendedores fechem vendas. Terceiro, muitas compras, especialmente em mercados de negócios, não são encomendas únicas, mas sim contratos multianuais. Finalmente, vendas *carryover* – aquelas que ocorrem no futuro mas são resultado de esforços de vendas no presente – variam entre produtos e mercados, mas representam uma porção significativa da receita de longo prazo de toda companhia.

Quando uma companhia aumenta o tamanho de sua equipe de vendas, as vendas e os lucros não aumentam logo de início. Com o passar do tempo, contudo, a companhia obterá mais lucros do que se tivesse começado com uma equipe de vendas menor. Analisamos dados de estudos de dimensionamento de equipes de vendas que a ZS Associates conduziu entre 1998 e 2001 em cinquenta companhias. Descobrimos que o tamanho da equipe de vendas que aumenta os lucros em três anos é, em média, 18% maior do que o que aumenta os lucros em um ano. Tais descobertas criam prioridades conflitantes para líderes de vendas, que querem sucesso a longo prazo, mas sentem pressão para atingir metas de lucros anuais. Além disso, eles acreditam corretamente que projeções de três anos são menos precisas do que projeções de um ano. Uma abordagem cautelosa é justificada se houver uma incerteza considerável quanto ao futuro, mas a maioria dos líderes de vendas favorece táticas que minimizam custos em vez de táticas que aumentam o lucro, mesmo quando a probabilidade de sucesso é alta. Consequentemente, eles não contratam vendedores suficientes para explorar o mercado de forma plena.

Influências comportamentais também pressionam executivos a manter as equipes de vendas pequenas. A maioria dos vendedores resiste a abrir mão de contas. Eles argumentam que não há justificativa para novos territórios de vendas; alguns ameaçam se juntar a concorrentes se a gerência reduzir suas bases de contas. Por exemplo, em 2005, quando uma companhia americana de equipamentos médicos decidiu cobrir mais 25 territórios, vendedores e gerentes de vendas resistiram. Eles fizeram tanta pressão que a companhia por fim decidiu cobrir apenas 12 novos territórios, o que resultou em vendas e lucros menores do que o negócio poderia ter gerado se tivesse contratado mais vendedores.

Líderes de vendas podem reduzir esse tipo de resistência estimulando uma cultura de mudanças. Eles devem definir as expectativas cedo, de modo que os vendedores saibam desde o começo que, à medida que o negócio crescer, haverá mudanças em territórios e em compensações. Algumas companhias redistribuem os territórios entre as contas para manter o equilíbrio. Outras estabelecem taxas de comissões mais baixas em vendas repetidas ou, depois do primeiro ano, pagam comissões somente depois que as receitas de um vendedor excedem certo nível. Essas táticas dão às companhias flexibilidade para expandir territórios e equipes de vendas no futuro.

Uma empresa deve determinar o tamanho mais apropriado para sua equipe de vendas avaliando a provável dimensão da oportunidade de crescimento e os riscos potenciais de adotar uma abordagem agressiva ou conservadora. Uma estratégia agressiva é apropriada quando o negócio tem alta probabilidade de sucesso e a gerência tem confiança nas projeções de vendas. Uma estratégia mais conservadora funciona quando uma grande incerteza ronda o sucesso do negócio.

Dois tipos de erro de dimensionamento são comuns. Primeiro, se o crescimento da equipe de vendas for agressivo mas a oportunidade de mercado for moderada, a companhia vai acabar precisando reduzir sua equipe de vendas. Segundo, se o crescimento da equipe de vendas for conservador mas a oportunidade de mercado for grande, um negócio pode perder sua maior chance de se tornar um líder de mercado. Para tomar melhores decisões sobre dimensionamento da equipe de vendas, as companhias devem investir em pesquisas de mercado e em desenvolver métodos de previsão e análise de resposta a vendas. (Veja o quadro "Dimensionando a equipe de vendas pelos números" na página seguinte.)

Maturidade: a busca por eficiência

Por fim, produtos e serviços começam a perder sua vantagem, a concorrência se intensifica e as margens se desgastam. Nesse estágio, os líderes de vendas devem buscar mais desenvoltura em vez de querer aumentar o tamanho da equipe de vendas. A estratégia deles deve enfatizar a manutenção de clientes, o atendimento a segmentos existentes e o aumento da eficiência da equipe de vendas.

Otimizando recursos

Na fase de maturidade, as companhias devem se concentrar em otimizar a eficiência das equipes de vendas. Um estudo que conduzimos em 2001 mostra que empresas maduras aumentaram suas margens brutas em 4,5% quando redimensionaram suas equipes de vendas e alocaram melhor os recursos. Enquanto 29% desses ganhos foram consequência da alteração do tamanho das equipes de vendas, 71% deles foram resultado de mudanças na utilização de recursos.

As empresas não otimizam a alocação de seus recursos de vendas por várias razões. Primeiro, usam as regras erradas. Por exemplo, executivos com frequência miram em clientes com o maior potencial, ainda que esses clientes prefiram comprar de concorrentes. Companhias inteligentes alocam mais recursos em produtos e mercados que respondem bem a seus vendedores. Segundo, as empresas frequentemente não possuem dados sobre o potencial de vendas de contas e territórios ou sobre a resposta de clientes potenciais a seus esforços de vendas.

No entanto, não existem atalhos no caminho para a eficiência. Organizações alocariam melhor os recursos se medissem a resposta de diferentes produtos e mercados a esforços de vendas. Executivos podem fazer isso comparando resultados de vendas de clientes de tamanho parecido a quem dedicaram níveis diferentes de esforço. Essa análise permite que uma companhia avalie as implicações financeiras de diversos cenários de alocação. A empresa pode, então, gerenciar sua equipe de vendas, inclusive oferecendo

Dimensionando a equipe de vendas pelos números

Toda empresa em expansão deve conduzir uma análise do seu ponto de equilíbrio (*break-even point*) para conferir se sua equipe de vendas tem o tamanho certo. Isso envolve calcular a proporção desse ponto de equilíbrio (a proporção do faturamento incremental de vendas por vendedor adicional para que o negócio não tenha lucro nem prejuízo), estimando as taxas de *carryover* e usando essas estimativas para determinar o retorno em três anos relativo ao investimento na equipe de vendas.

Para determinar a proporção do ponto de equilíbrio:

1. Estime o custo anual de um vendedor (**C**), a margem bruta (**M**), que é a receita de vendas que o negócio mantém como lucro depois de deduzir custos variáveis, e a taxa de margem bruta (**TM**), que é a margem bruta expressa como uma porcentagem da receita de vendas.

2. Calcule o ponto de equilíbrio do setor de vendas dividindo o custo anual de um vendedor pela taxa de margem bruta (**C ÷ TM = PE**). Essa é a quantidade que precisa ser vendida em um ano para que um vendedor cubra os próprios custos.

3. Estime o faturamento incremental de vendas que um vendedor adicional poderia gerar em um ano (**I**).

4. Divida esse valor pelo ponto de equilíbrio do setor de vendas para calcular a proporção do ponto de equilíbrio (**I ÷ PE**). Uma proporção de 2,00, por exemplo, implica que um novo vendedor vai gerar uma margem bruta correspondente ao dobro do próprio custo em um ano.

> Ponto de equilíbrio =

Para determinar a porcentagem de vendas *carryover*:

5. Estime a porcentagem, baseada em tendências de anos anteriores, das vendas do ano corrente que a companhia vai reter nos anos seguintes sem qualquer esforço da equipe de vendas. Essas são as porcentagens de vendas *carryover* (K_2 para o próximo ano e K_3 para o ano posterior).

$$\text{Carryover} = \overline{K_2} \quad \overline{K_3}$$

Para determinar o retorno sobre investimento (ROI) da equipe de vendas em três anos:

6. Some a margem bruta do faturamento incremental de vendas que um vendedor adicional pode gerar no ano 1, a margem bruta incremental de vendas *carryover* no ano 2 e a margem bruta incremental de vendas *carryover* no ano 3.
7. Subtraia desse total o custo anual de um vendedor adicional.
8. Divida o total pelo custo anual de um vendedor adicional. O resultado é expresso como uma porcentagem. A fórmula é a seguinte: $[(TM \times I) + (TM \times I \times K_2) + (TM \times I \times K_3) - C] \div C$

$$\text{ROI} =$$

A proporção do ponto de equilíbrio e a taxa *carryover* do primeiro ano podem lhe dizer como dimensionar sua equipe de vendas. Na tabela a seguir, os números em cada célula representam retornos em três anos de investimento em equipe de vendas. Cada empresa pode definir os próprios critérios, mas pelo que observamos as companhias têm dimensionado suas equipes de vendas de forma ideal quando o ROI está entre 50% e 150%. Se o ROI for menor que 50%, isso indica que a equipe de vendas é grande demais, e se for maior que 150%, é porque é muito pequena.

Vendas do novo vendedor/ Ponto de equilíbrio do setor de vendas	Carryover									
	0%	10%	20%	30%	40%	50%	60%	70%	80%	90%
0,25	-75%	-72%	-69%	-65%	-61%	-56%	-51%	-45%	-39%	-32%
0,5	-50%	-45%	-38%	-31%	-22%	-13%	-2%	10%	22%	36%
0,75	-25%	-17%	-7%	4%	17%	31%	47%	64%	83%	103%
1,00	0%	11%	24%	39%	56%	75%	96%	119%	144%	171%
1,25	25%	39%	55%	74%	95%	119%	145%	174%	205%	239%
1,50	50%	67%	86%	109%	134%	163%	194%	229%	266%	307%
1,75	75%	94%	117%	143%	173%	206%	243%	283%	327%	374%
2,00	100%	122%	148%	178%	212%	250%	292%	338%	388%	442%
2,25	125%	150%	179%	213%	251%	294%	341%	393%	449%	510%
2,50	150%	178%	210%	248%	290%	338%	390%	448%	510%	578%
2,75	175%	205%	241%	282%	329%	381%	439%	502%	571%	645%
3,00	200%	233%	272%	317%	368%	425%	488%	557%	632%	713%
3,25	225%	261%	303%	352%	407%	469%	537%	612%	693%	781%
3,50	250%	289%	334%	387%	446%	513%	586%	667%	754%	849%
3,75	275%	316%	365%	421%	485%	556%	635%	721%	815%	916%
4,00	300%	344%	396%	456%	524%	600%	684%	776%	878%	984%

☐ Equipe grande demais ☐ Tamanho certo ☐ Equipe pequena demais

incentivos ocasionalmente, para que vendedores se esforcem de maneiras mais produtivas. (Ver a tabela "Otimizando a fase de maturidade".)

Com frequência esforços de vendas são desperdiçados. Alguns vendedores tentam vender tudo que existe em seu catálogo; outros passam tempo demais com produtos com os quais têm familiaridade ou que acham fáceis de vender. Gerentes de produtos podem se valer de incentivos errados, fazendo os vendedores deixarem de passar tempo com ofertas mais lucrativas. Em termos matemáticos, uma companhia amplia os lucros a longo prazo de sua equipe de vendas quando o retorno incremental pelo esforço da equipe de vendas é igual em todos os produtos. Mas, de acordo com um

Otimizando a fase de maturidade

Companhias maduras otimizam seus recursos quando equipes de vendas se concentram nos clientes, produtos e atividades de vendas que dão maior retorno a seus esforços de vendas. Para conseguir essa otimização, líderes de vendas devem fazer a si mesmos as seguintes perguntas:

DECISÕES DE ALOCAÇÃO DE RECURSOS		
Cliente	**Produto**	**Atividade**
Em quais segmentos de mercado devemos nos concentrar:	Em quais produtos devemos nos concentrar:	Em quais atividades devemos nos concentrar:
• Grande volume ou pequeno volume?	• Existentes ou novos?	• Procurar novos clientes ou reter os antigos?
• Altamente lucrativo ou pouco lucrativo?	• Grande volume ou pequeno volume?	• Vendas ou atendimento?
• Contas de nível nacional ou contas menores?	• Fáceis de vender ou difíceis de vender?	Como alocamos especialistas em relacionamentos, em produtos e em setor de atividade?
• Contas novas ou antigas?	• Familiares ou não familiares?	
• Quais setores visitamos?	• Diferenciados ou não diferenciados?	
Em quais áreas geográficas nos concentramos: local, regional, nacional ou internacional?	• Produtos com ciclos de vendas longos ou curtos?	
Quais contas a equipe da sede deveria visitar e de quais vendas de campo deveriam participar?	• Produtos com alto impacto a curto prazo e baixo *carryover* ou com baixo impacto a curto prazo e alto *carryover*?	

estudo que a ZS Associates conduziu em 2001, a proporção do maior retorno incremental em relação ao menor retorno com frequência alcança a altíssima taxa de 8:1. Isso indica um grave erro de distribuição de esforços de vendas entre os produtos. Por exemplo, um negócio que estudamos queria que cem vendedores vendessem 37 produtos. Cada item teria recebido, em média, apenas 2,7% do tempo da equipe de vendas. Uma análise revelou que os lucros da companhia aumentariam muito se a equipe de vendas se concentrasse em apenas oito produtos. Na verdade, nossos estudos mostram que estratégias que trabalham com foco em poucos elementos geralmente alcançam melhores resultados em comparação a abordagens gerais. Portanto uma companhia obtém os maiores lucros quando sua equipe de vendas passa o tempo com o subconjunto mais valioso de clientes ou com os produtos mais valiosos de seu catálogo.

Um bom alinhamento territorial – a designação de contas, clientes em potencial ou áreas geográficas para a equipe de vendas – é uma ferramenta de produtividade frequentemente negligenciada. Quando uma organização adota abordagens não sistemáticas para definir territórios, o esforço da equipe de vendas não atende as necessidades dos clientes. Para medir a extensão do problema, no ano 2000 analisamos dados de 36 estudos de alinhamento territorial que tínhamos conduzido em oito setores de atividade nos Estados Unidos e no Canadá. Nossa análise mostrou que 55% dos territórios de vendas eram ou grandes demais ou pequenos demais. Por causa dessas incongruências, os negócios estavam perdendo entre 2% e 7% de receitas ao ano. As companhias podem criar e manter o alinhamento territorial medindo o tempo e o esforço necessários para atender clientes a cada ano, assim como tirar contas de vendedores que não conseguem dar conta de todo o trabalho e transferi-las para aqueles que não têm trabalho suficiente.

O surgimento do gerente de contas

Muitos negócios descobrem, no estágio de maturidade, que o uso de especialistas em produtos está criando problemas de coordenação e confundindo clientes que acabam precisando lidar com vários vendedores. Companhias inteligentes nomeiam gerentes para as contas maiores. Esses gerentes de contas coordenam o esforço de vendas e chamam especialistas em produtos quando os clientes precisam de atendimento especializado. Além de aumentar as receitas, a nomeação de gerentes de contas aumenta a satisfação do cliente e com frequência reduz os custos de vendas. Durante sua fase de crescimento, na década de 1990, uma companhia americana de produtos médicos acrescentou uma equipe de vendas especializada para quase todo novo produto que lançava. Por fim, toda semana alguns hospitais grandes recebiam a visita de mais de trinta vendedores da mesma empresa, muitos dos quais se encontravam com os mesmos contatos. Os custos de viagens aumentaram muito e, ainda pior, os clientes ficaram confusos por causa do grande número de vendedores que ia até eles. Quando se deu conta do problema, a empresa reduziu o número de vendedores especializados e acrescentou gerentes para coordenar as atividades de vendas em contas grandes. Isso ajudou a companhia a reduzir custos e a fortalecer o relacionamento com os clientes.

As empresas também precisam encontrar maneiras mais baratas de realizar o trabalho. Uma opção é usar assistentes de vendas e vendedores que trabalham meio período para cortejar clientes pequenos ou geograficamente dispersos e para trabalhar com produtos fáceis de vender. Outra opção é utilizar a equipe de televendas para desempenhar atividades que não exigem contato presencial com os clientes. Por exemplo, uma empresa jornalística para a qual demos consultoria contratou assistentes de vendas em 2005 para assumir várias tarefas administrativas que não tinham a ver com vendas. Antes da chegada dos assistentes, os vendedores passavam apenas 35% de seu tempo com clientes potenciais e clientes existentes. A chegada dos assistentes os liberou para passar mais tempo em tarefas relacionadas a vendas.

Declínio: vivendo para lutar mais um dia

Empresas entram em declínio quando produtos perdem sua vantagem competitiva e clientes passam a comprar de concorrentes. Conforme os CEOs buscam estratégias bem-sucedidas, as equipes de vendas devem fazer todo o possível para ajudar a manter a viabilidade do negócio. As decisões mais vitais estão relacionadas, como durante o estágio de startup, ao tamanho da equipe de vendas e ao papel desempenhado por parceiros de vendas, mas os executivos fazem suas escolhas a partir do momento em que preveem ou não alguma reviravolta.

Quando é provável haver uma reviravolta

Alguns negócios sabem que seu declínio é apenas temporário. Eles planejam aumentar as receitas e os lucros em um futuro não muito distante lançando novos produtos ou fazendo fusão com outras companhias. Contudo, para que uma reviravolta seja possível, é comum que a estrutura da equipe de vendas seja diferente da que outras companhias possuem. Portanto uma companhia inteligente determina que tipo de estrutura será necessária para que a equipe de vendas atinja os novos objetivos. Depois identifica e preserva os elementos da estrutura atual que são consistentes com aquela da qual vai precisar. Isso é fundamental. Executivos não devem desmontar as partes da organização de vendas que serão valiosas no futuro. Por exemplo, empresas com frequência reduzem o tamanho da equipe de vendas para economizar custos a curto prazo, embora possam precisar de mais vendedores para implementar novas estratégias, e não de menos.

Muitos líderes de vendas tiram vantagem de declínios temporários para eliminar a mediocridade de suas equipes de vendas. Quando a reviravolta começa, eles contratam vendedores mais qualificados do que aqueles que demitiram. Às vezes o que parece uma alocação equivocada de recursos é, na verdade, um desempenho medíocre. Veja o caso de uma companhia de software de Chicago que estava em declínio na década de 1990. Seu processo de vendas evoluiu de forma apropriada, com vendedores se tornando habilidosos em proteger negócios atuais. Quando a empresa lançou alguns produtos novos, notou-se que poucos de seus vendedores tinham as habilidades ou a garra necessárias para procurar novos clientes e mercados de forma agressiva. Em vez de demitir vendedores, a empresa de software criou dois cargos: gerentes de contas atuais, ou "fazendeiros", e desenvolvedores de novos negócios, ou "caçadores". Os veteranos continuaram a gerenciar os clientes existentes, o que estava de acordo com suas capacidades, enquanto líderes de vendas contratavam a maioria dos desenvolvedores de novos negócios de fora da organização. Isso ajudou a companhia de software a mudar rapidamente do declínio para o crescimento.

Quando não é provável haver uma reviravolta

Quando é inevitável que o declínio se instaure, a única coisa que organizações de vendas podem fazer é se assegurar de que permaneçam lucrativas pelo maior tempo possível. As empresas deveriam usar seus vendedores para atender os clientes mais lucrativos, leais e estrategicamente importantes, e atender outras contas por meio de recursos de vendas de baixo custo, como televendas ou parceiros externos.

Proteger os clientes mais leais e os melhores vendedores é a principal prioridade. As empresas precisam dar atenção especial a clientes importantes que, temendo que os vendedores que gerenciam suas contas vão embora, podem considerar ofertas da concorrência. Devem tranquilizar essas contas essenciais sobre o futuro imediato, particularmente retendo os melhores vendedores. Quando a equipe de vendas começa a se preocupar com corte de pessoal, os melhores vendedores são os primeiros a partir. Mesmo enquanto se preparam para demitir outras pessoas, as empresas devem pagar salários generosos para manter seus melhores funcionários. Além disso, uma liderança forte é essencial durante o corte de pessoal e somente a comunicação oportuna e objetiva dos líderes de vendas pode manter um nível razoável de moral e motivação.

Para decidir o ritmo da redução da equipe, uma companhia deve avaliar a oportunidade de mercado que ainda existe e os riscos envolvidos em diferentes estratégias de corte de pessoal. Uma redução gradual da equipe de vendas funciona bem quando as oportunidades estão se reduzindo em ritmo modesto, mas é uma estratégia ruim quando o mercado está desaparecendo rapidamente. Erros são comuns. Muitos negócios fazem o corte de pessoal aos poucos, esperançosos de que a tendência se reverta. Quando isso não acontece, a empresa deixa de ser lucrativa em muito menos tempo por conta do alto custo da equipe de vendas. Uma tática comum para um corte de pessoal gradual é o congelamento de contratações. Essa não é uma maneira eficaz de reduzir equipes de vendas, particularmente quando o declínio de oportunidades é significativo. A redução da equipe de vendas geralmente não deve ser feita de forma rápida e, se as pessoas que cobrem contas importantes forem embora, um congelamento de contratações resultará em uma cobertura de mercado abaixo do ideal.

Uma redução rápida da equipe de vendas é a melhor opção quando o mercado está em declínio acentuado. Os sobreviventes vão saber que possuem algum tipo de segurança no emprego, clientes terão maior confiança sobre o que o futuro lhes reserva e líderes de vendas podem começar a montar uma organização de vendas menor e mais focada. Contudo, o risco de uma rápida redução da equipe de vendas é que, se o declínio acabar sendo menos grave do que o esperado, o número de pessoas que perderão o emprego será maior do que o necessário. Embora o negócio permaneça lucrativo por algum tempo, nesse caso a taxa de declínio será maior do que se o corte de pessoal tivesse sido modesto. Se há muita incerteza sobre o ritmo de encolhimento do mercado, as empresas devem considerar reduzir a equipe de vendas a passos lentos, mas distintos.

É fundamental melhorar a eficiência da equipe de vendas e buscar canais de vendas de menor custo quando uma empresa está em declínio. Utilizando recursos de vendas menos dispendiosos, as organizações podem continuar a vender para alguns segmentos. Isso envolve trocar vendedores especializados por generalistas e vendedores de campo por uma equipe de televendas para cobrir alguns clientes. Como no estágio de maturidade, as companhias podem deixar a venda de produtos fáceis de compreender e a execução de tarefas administrativas a cargo de recursos menos dispendiosos, como assistentes de vendas, equipe de televendas, vendedores de meio período e a internet.

Não é fácil, mas um programa sistemático de redução de custos pode ajudar as empresas a viver para lutar mais um dia. Veja o caso de um fabricante americano de lubrificantes que, no começo de 2005, precisou cortar custos radicalmente para preservar seus lucros. A companhia revisou sua estratégia de canais, transferindo a cobertura de milhares de clientes para parceiros de vendas. Esses parceiros tinham despesas gerais menores, tais como espaço corporativo e benefícios aos funcionários. Então os custos deles eram mais baixos do que os do fabricante. A empresa diminuiu sua equipe de vendas e fez os vendedores restantes se concentrarem em vender apenas para grandes clientes. No fim daquele ano a companhia de lubrificantes tinha se recuperado.

Líderes de vendas que tentam equiparar a estrutura de sua equipe de vendas com os ciclos de vida de seu negócio enfrentam diferentes desafios em cada estágio. Contudo, o ponto em comum é que eles precisam superar a resistência organizacional a cada passo e sacrificar lucros a curto prazo para assegurar o sucesso de seus negócios com o passar do tempo.

Publicado originalmente em julho-agosto de 2006.

4

O fim das vendas de soluções

Brent Adamson, Matthew Dixon e Nicholas Toman

A COISA MAIS DIFÍCIL EM VENDAS B2B (*business to business*, ou de empresa para empresa) atualmente é que os clientes não precisam de você da maneira que costumavam precisar. Nas últimas décadas, representantes de vendas tornaram-se adeptos de descobrir as necessidades dos clientes e de vender "soluções" para eles – em geral, combinações complexas de produtos e serviços. Isso funcionava porque os clientes não sabiam como solucionar os próprios problemas, ainda que tivessem uma boa compreensão do que havia de errado. Mas agora, devido a equipes de compras cada vez mais sofisticadas e a consultores de compras munidos de um grande volume de dados valiosos, as empresas podem prontamente definir soluções para si mesmas.

Na verdade, em um estudo recente da Corporate Executive Board com mais de 1.400 clientes B2B descobriu-se que esses participantes definiam, em média, 60% de uma decisão de compra típica – pesquisando soluções, classificando opções, definindo exigências, comparando preços e daí em diante – antes mesmo de conversar com um fornecedor. Neste mundo, o celebrado "representante de vendas de soluções" pode ser mais um incômodo do que uma vantagem. Clientes em uma série de setores, de TI a seguros e terceirização de processos de negócios, com frequência estão bem à frente dos vendedores que os estão "ajudando".

Mas essa notícia não é de todo ruim. Embora representantes de vendas tradicionais estejam com uma desvantagem considerável nesse ambiente, um grupo seleto de vendedores de alto desempenho está florescendo. Esses representantes superiores têm abandonado muito da sabedoria convencional ensinada em organizações de vendas. Esse tipo de vendedor:

- avalia clientes potenciais de acordo com critérios diferentes daqueles usados por outros representantes, visando a organizações ágeis em estado de fluxo em vez daquelas com um entendimento claro das próprias necessidades;
- procura um conjunto muito diferente de partes interessadas, preferindo agentes de mudança céticos a informantes amigáveis;
- ensina esses agentes de mudança a comprar em vez de questioná-los sobre o processo de compra da sua companhia.

Esses profissionais de vendas não apenas vendem de forma mais eficiente – eles vendem de modo diferente. Isso significa que aumentar o desempenho de vendedores médios não é uma questão de *melhorar* a maneira como eles vendem; isso envolve *mudar* completamente como eles vendem. Para conseguir isso, as organizações precisam repensar, sobretudo, o treinamento e o apoio dado aos seus representantes.

Desapontando

Sob o método convencional de venda de soluções que tem prevalecido desde a década de 1980, vendedores são treinados para alinhar uma solução com uma necessidade do cliente e demonstrar por que ela é melhor do que as demais oferecidas pela concorrência. Isso pode ser traduzido em uma abordagem muito prática: um representante começa identificando clientes que reconhecem um problema que o fornecedor pode resolver e dá prioridade àqueles que estão prontos para agir. Então, por meio de perguntas, ele detecta um "anzol" que lhe possibilita ligar a solução de sua companhia ao problema do cliente. Um elemento essencial dessa abordagem é a capacidade do representante de encontrar e cultivar alguém dentro da organização cliente – um defensor ou um mentor – que possa ajudá-lo a navegar pela companhia e levar à conclusão do negócio.

Mas os clientes se afastaram radicalmente das antigas maneiras de comprar e líderes de vendas estão descobrindo cada vez mais que suas equipes são relegadas a competições baseadas em preços. Um diretor de estratégia (CSO) em uma organização de alta tecnologia nos disse: "Nossos clientes já chegam armados até os dentes com um entendimento profundo de seu problema e uma solicitação de proposta bem dimensionada para chegar a uma solução. Isso está transformando muitas das nossas conversas de vendas em conversas sobre satisfação." Representantes devem aprender a envolver os clientes muito mais cedo, bem antes de esses interlocutores compreenderem plenamente suas necessidades. De muitas maneiras, essa é uma estratégia tão antiga quanto as próprias vendas: para fechar um negócio, você precisa ficar à frente da solicitação de proposta. Mas nossa pesquisa mostra que, embora isso seja mais importante do que nunca, não é mais suficiente.

Para descobrir o que profissionais de vendas de alto desempenho (definidos como os 20% no topo em termos de cumprimento de metas) fazem de diferente, a Corporate Executive Board conduziu três estudos. No primeiro foram entrevistados mais de 6 mil representantes de 83 companhias, de todos os principais setores, para saber como eles priorizam oportunidades, miram e envolvem partes interessadas e executam o processo de venda. No segundo foram examinados cenários complexos de compras em quase seiscentas empresas de vários setores para compreender as diversas estruturas e influências de equipes de compras formais e informais. No terceiro foram estudadas mais de setecentas partes interessadas de clientes envolvidos em compras complexas de B2B para determinar o impacto que tipos específicos de partes interessadas podem exercer sobre decisões de compras organizacionais.

Nossa principal descoberta: os representantes de melhor desempenho abandonaram as regras tradicionais e desenvolveram uma nova e até mesmo radical abordagem de vendas baseada nas três estratégias descritas anteriormente. Vamos nos aprofundar um pouco mais em cada uma delas.

Em resumo

Representantes de vendas são adeptos de vender "soluções", mas os clientes se tornaram habilidosos em encontrar as próprias soluções para seus problemas; eles não precisam de representantes de vendas como um dia já precisaram. Nesse cenário, surgiu um grupo de vendedores de alto desempenho – representantes que abandonaram as regras tradicionais e desenvolveram uma nova estratégia de vendas.

Esses representantes:
- buscam organizações ágeis em estado de fluxo em vez daquelas com uma compreensão clara das próprias necessidades;
- buscam um conjunto muito diferente de partes interessadas, preferindo agentes de mudança céticos a informantes amigáveis;
- dão a esses agentes de mudança treinamento sobre como comprar em vez de questioná-los sobre o processo de compra de sua companhia.

Diferentemente de vendedores de soluções tradicionais, os vendedores de alto desempenho se valem de insights para subverter o processo de compra das companhias e não têm medo de retirar os clientes de sua zona de conforto.

Estratégia 1: Evite a armadilha da "demanda estabelecida"

A maioria das organizações diz aos seus vendedores para dar prioridade a organizações clientes cuja alta gerência atenda a três critérios: ter uma necessidade reconhecida de mudança, uma visão clara de seus objetivos e processos bem estabelecidos para tomar decisões de compra. Na maioria dos casos esses critérios são facilmente observáveis e tanto os representantes quanto seus líderes costumam contar com eles para prever a probabilidade e o progresso de negócios em potencial. Na verdade, muitas companhias registram esses dados em um quadro de resultados, um indicador de desempenho (*scorecard*) projetado para ajudar representantes e gerentes a otimizar sua forma de dividir o tempo, alocar ajuda de especialistas, fazer propostas e melhorar suas projeções.

Nossos dados, no entanto, mostram que os vendedores de alto desempenho atribuem pouco valor a indicadores tão tradicionais. Em vez disso, eles enfatizam dois outros critérios. Primeiro, eles levam em conta a agilidade dos clientes: será que um cliente consegue agir de forma rápida e decisiva quando apresentado a um caso atraente ou fica paralisado por estruturas e relações que sufocam mudanças? Segundo, eles procuram clientes que têm uma necessidade emergente ou estão em estado de fluxo organizacional, seja por causa de pressões externas, como uma reforma regulamentar, ou por causa de pressões internas, como uma aquisição recente, uma mudança de liderança ou insatisfação geral com as práticas correntes. Como já estão no processo de examinar a estrutura atual, esses clientes estão buscando insights e são naturalmente mais receptivos a ideias inovadoras que vendedores de alto desempenho colocam na mesa. (Ver o quadro "Como

Um novo guia de vendas para representantes

Os melhores vendedores estão substituindo a tradicional "venda de soluções" por uma "venda de insights" – uma estratégia que exige abordagem radicalmente diferente em várias etapas do processo de compra.

Venda de soluções	Venda de insights
A que tipo de companhia visar Organizações que possuem visão clara e demandas estabelecidas	Organizações ágeis que têm demandas emergentes ou estão em estado de fluxo
Que tipo de informação inicial obter Qual é a necessidade do cliente?	Qual necessidade não reconhecida o cliente tem?
Quando se envolver Depois que o cliente identificou um problema que o fornecedor pode resolver	Antes de o cliente abordar um problema
Como iniciar a conversa Faça perguntas sobre a necessidade do cliente e busque um "gancho" para expor a sua solução	Ofereça insights provocativos sobre o que os clientes deveriam fazer
Como dirigir o fluxo de informações Faça perguntas de modo que o cliente o conduza pelo processo de compra	Dê ao cliente treinamento sobre como comprar e apoie-o durante o processo

subverter a maneira de pensar do seu cliente" na página seguinte.) Vendedores de alto desempenho, em outras palavras, colocam maior ênfase no potencial de um cliente para *mudar* do que em seu potencial para *comprar*. Eles são capazes de se antecipar e propor uma solução inovadora porque visam a contas nas quais a demanda ainda está emergindo, ou seja, ainda não está estabelecida – contas que estão prontas para mudanças, mas ainda não geraram o consenso necessário e muito menos chegaram a um acordo quanto a um plano de ação.

Uma consequência dessa orientação é que vendedores de alto desempenho tratam solicitações para apresentações de vendas de um modo muito diferente dos vendedores médios. Enquanto os últimos percebem um convite para uma apresentação como o melhor sinal de uma oportunidade promissora, os primeiros a reconhecem pelo que ela de fato é: um convite para fazer uma oferta de um contrato que provavelmente está destinado a ser fechado com um vendedor favorecido. O representante de vendas de alto desempenho usa a ocasião para reformular a discussão e transformar um cliente com exigências claramente definidas em um com necessidades emergentes. Mesmo quando é convidado tarde, ele tenta voltar a decisão de compra para um estágio muito anterior.

Certa vez um líder de vendas em uma companhia de serviços empresariais nos contou sobre um dos melhores vendedores da empresa. Pediram-lhe que fizesse uma apresentação de solicitação de proposta e ele rapidamente conduziu a reunião para os próprios fins. "Aqui está nossa resposta para sua solicitação de proposta – tudo que vocês estavam querendo", anunciou aos executivos reunidos. "Contudo, como só temos uma hora, deixarei que leiam o material por conta própria. Eu gostaria de usar nosso tempo para lhes explicar as três coisas que acreditamos que *deveriam* estar na solicitação mas não estão e o motivo da importância delas." No final da reunião, o cliente mandou para casa os outros dois vendedores que ainda estavam aguardando sua vez, cancelou o processo de solicitação de proposta e recomeçou: o representante tinha deixado claro para os executivos que eles estavam fazendo as perguntas erradas. Ele reformulou a negociação para adequá-la às capacidades fundamentais da sua companhia e, no fim do processo, fechou o negócio. Como outros vendedores de alto desempenho, ele sabia que a maneira de conseguir não era tentar atender as necessidades

Como subverter a maneira de pensar do seu cliente

A venda de soluções tradicional é baseada na premissa de que vendedores deveriam conduzir a negociação com perguntas abertas projetadas para revelar necessidades reconhecidas de clientes. Já a venda baseada em insights parte do pressuposto de que vendedores devem conduzir a negociação com ideias inovadoras que tornarão os clientes conscientes de necessidades desconhecidas.

Em *A venda desafiadora* (Portfolio-Penguin, 2013), lançamos mão de dados de mais de 6 mil vendedores ao redor do mundo para mostrar que todos os representantes de vendas possuem um de cinco perfis – o construtor de relacionamentos, o solucionador reativo de problemas, o empenhado, o lobo solitário e o desafiador. Vendedores de alto desempenho são muito mais propensos a se mostrar do tipo desafiador do que de qualquer outro tipo. Por quê? Eles são os debatedores na equipe de vendas. Possuem um ponto de vista provocativo que pode subverter as práticas atuais do cliente e não têm medo de retirar os clientes de sua zona de conforto. (Essa ideia foi explorada por Philip Lay, Todd Hewlin e Geoffrey Moore no artigo da *HBR* de março de 2009 "In a Downturn, Provoke Your Customers" [Em uma queda nas vendas, provoque seus clientes].)

Em nosso estudo, desafiadores corresponderam a quase 40% dos vendedores de alto desempenho – e o número salta para 54% em ambientes complexos, motivados por insights. Os clientes valorizam a abordagem do desafiador; em um estudo conclusivo, descobrimos que o maior motivador de lealdade em clientes B2B é a capacidade do fornecedor de apresentar novos insights.

Para aplicar a abordagem correta do desafiador, são necessárias capacidades organizacionais, assim como habilidades individuais. Enquanto vendedores precisam estar confortáveis com a tensão que surge em uma conversa de vendas orientada para ensinamentos, líderes de vendas e de marketing devem ter, antes de mais nada,

---

existentes do cliente, e sim redefini-las. Em vez de adotar uma abordagem convencional de venda de soluções, ele usou uma estratégia de "venda de insights", revelando ao cliente necessidades que ele nem sabia que tinha.

A pesquisa na prática

Lançando mão de dados que incluem entrevistas com quase cem vendedores de alto desempenho em todo o mundo, desenvolvemos um novo *scorecard* que gerentes podem usar para treinar seus representantes e

insights que sejam capazes de explicar e apresentar. Quando utilizados com habilidade, esses insights orientam a conversa para áreas nas quais o fornecedor pode superar o desempenho dos concorrentes.

A abordagem do desafiador está se tornando um procedimento operacional padrão nas principais organizações de vendas. Representantes da Dentsply International, uma fornecedora mundial de produtos e serviços dentários, falam a dentistas sobre a ausência dos mesmos em trabalhos relacionados a síndrome do túnel do carpo e lesões similares. Eles demonstram como os equipamentos de higiene mais leves e sem fio da Dentsply podem reduzir o desgaste do pulso. Vendedores da empresa de produtos e serviços agrícolas Cargill discutem como a volatilidade de preços em mercados internacionais faz fazendeiros desperdiçarem tempo tentando prever mudanças nos preços de commodities. Eles passam a falar sobre definição de preços de grãos, o que ajuda os fazendeiros a reduzir sua exposição a flutuações de preços.

Em vez de conduzir uma discussão sobre os benefícios técnicos de seus produtos, as equipes de contas da Ciena, um fornecedor mundial de equipamentos, softwares e serviços de telecomunicações, focam nos benefícios para os negócios, tais como reduzir ineficiências operacionais em redes. Por exemplo, eles falam sobre quanto dinheiro o cliente economizaria se eliminasse chamadas de serviço desnecessárias por meio da melhoria da automatização de redes. E representantes da empresa de serviços alimentícios Aramark usam insights obtidos a partir de determinado segmento de clientes (digamos, estudantes universitários) para mudar a maneira como clientes em potencial em outros segmentos pensam sobre gerenciar seus negócios (por exemplo, como as Forças Armadas alimentam seus membros).

– Brent Adamson e Matthew Dixon

ajudá-los a adotar os critérios e abordagens mais utilizados pelos vendedores de alto desempenho. (Ver a tabela "Priorizando suas oportunidades" na página 83.) Uma organização de automação industrial com a qual trabalhamos os empregou eficazmente, com alguns ajustes por conta de idiossincrasias próprias do seu setor. Quando seus gerentes se reúnem com representantes para priorizar atividades e avaliar oportunidades, o *scorecard* lhes proporciona uma maneira concreta de reorientar vendedores de desempenho médio na direção de oportunidades que, de outra forma, eles poderiam negligenciar ou aproveitar com menos ímpeto e para conduzir a conversa naturalmente para buscar demandas emergentes. (Um alerta: *scorecards* formais podem dar origem a processos burocráticos e superplanejados para avaliar clientes potenciais. Líderes de vendas devem utilizá-los como iniciadores de conversa e guias de orientação, e não como checklists invioláveis.)

Estratégia 2: Mobilizadores de metas, não defensores

Como destacamos anteriormente, no treinamento para vendas convencionais, representantes são ensinados a encontrar um defensor, ou coach, dentro da organização cliente para ajudá-los a fechar negócio. Eles recebem uma lista de atributos que devem procurar. A listagem abaixo, compilada de materiais de treinamento de dezenas de companhias, indica que o defensor ideal:

- é acessível e está disposto a se reunir quando solicitado;
- concede informações valiosas que não costumam estar disponíveis para fornecedores externos;
- tem predisposição a apoiar a solução do fornecedor;
- é bom em influenciar os outros;
- diz a verdade;
- possui credibilidade perante os colegas;
- transmite novas ideias para os colegas de maneira inteligente e persuasiva;
- honra compromissos;
- tem ganhos pessoais com a venda;
- ajuda representantes a formar redes e se conectar com outras partes interessadas.

Ouvimos a mesma lista, ou uma variação dela, de líderes de vendas e treinadores em todo o mundo. Contudo, acontece que esse defensor idealizado não existe. Cada atributo pode ser encontrado em algum lugar na organização cliente, mas nossa pesquisa mostra que essas características raramente aparecem todas juntas em uma pessoa. Portanto representantes

Priorizando suas oportunidades

O scorecard abaixo, derivado da forma como vendedores de alto desempenho avaliam clientes em potencial, pode ajudar você a decidir se deve ou não buscar fechar um negócio.

1. Pontos básicos organizacionais Sim Não

O cliente arca com significativos gastos atuais ou potenciais? ☐ ☐

O cliente é financeiramente saudável? ☐ ☐

Se qualquer uma das respostas for não, não tente fechar negócio.

2. Ambiente operacional Sim Não Não sei

O cliente enfrenta pressões externas para mudar, tais como novas regulamentações do setor ou perda de posição no mercado? ☐ ☐ ☐   1 ponto para cada Sim

Existem pressões internas para mudar, tais como nova gerência ou reavaliação da direção estratégica? ☐ ☐ ☐

3. Visão do status quo Sim Não Não sei

Existe descontentamento geral da organização com o status quo? ☐ ☐ ☐   2 pontos para cada Sim

O fornecedor atual fica abaixo das expectativas? ☐ ☐ ☐

O cliente está infeliz com as alternativas existentes? ☐ ☐ ☐

4. Receptividade a ideias inovadoras Sim Não Não sei

As partes interessadas internas compartilham melhores práticas com frequência? ☐ ☐ ☐   3 pontos para cada Sim

Elas participam de conferências e de outros eventos de aprendizado? ☐ ☐ ☐

Os líderes olham para a organização como um todo em busca de ideias? ☐ ☐ ☐

5. Potencial para necessidades emergentes Sim Não Não sei

As partes interessadas se envolvem em diálogos construtivos quando suas premissas são desafiadas? ☐ ☐ ☐   4 pontos para cada Sim

Procuram continuar conversas sobre *benchmarks* e tendências do setor? ☐ ☐ ☐

Existe pelo menos um "mobilizador" de fato na companhia? ☐ ☐ ☐

Total _____

Pontuação

0-10 Considere não ir atrás da oportunidade

10-20 Considere buscar a oportunidade, mas com recursos limitados

20+ Considere buscar a oportunidade com recursos ilimitados

Não mire nos faladores

Ser um mobilizador tem pouco a ver com cargo, papel ou alto desempenho. Tomadores de decisões de alto nível são igualmente propensos a ser faladores ou bloqueadores. O perigo para a maioria dos representantes é que seu instinto lhes diz para mirar nos faladores e eles veem um falador de alto nível, como um diretor executivo ou de finanças, como o cálice sagrado – alguém que possui o controle do dinheiro e está ansioso para ter reuniões. Mas esses tomadores de decisões com frequência não estão dispostos ou não são capazes de conseguir o consenso necessário para uma mudança em grande escala – portanto o que parece um "negócio ideal" é mais propenso a ir para a vala do que para a declaração de imposto de renda.

---

de vendas acabam se dando por satisfeitos com alguém que tenha apenas *algumas* delas. E descobrimos que, ao escolher um defensor, a maioria dos representantes passa direto justamente pelas pessoas que poderiam ajudá-los a fechar o negócio – aquelas que vendedores de alto desempenho aprenderam a reconhecer e com quem sabem que podem contar.

Em nossa pesquisa de clientes que constituem partes interessadas, pedimos a eles que avaliassem a si mesmos de acordo com 135 atributos e perspectivas. Nossa análise revelou sete perfis distintos de partes interessadas e mediu a capacidade relativa de indivíduos de cada tipo de conseguir consenso e motivar ação em torno de uma grande compra ou iniciativa corporativa. Os perfis não são exclusivos; a maioria das pessoas possui atributos de mais de um deles. Ainda assim, os dados mostram com precisão que praticamente toda parte interessada adota a mesma postura quando se trata de trabalhar com fornecedores e liderar mudanças organizacionais.

Aqui estão os sete perfis que identificamos:

1. **Empreendedores:** Motivados pela melhoria organizacional e constantemente em busca de boas ideias, os empreendedores defendem ação em torno de grandes insights onde quer que os encontrem.
2. **Professores:** Apaixonados por compartilhar insights, colegas de trabalho procuram os professores em busca da sua opinião. Eles são especialmente bons em convencer os outros a adotar um plano de ação específico.

3. **Céticos:** Desconfiados de projetos grandes e complicados, os céticos rechaçam quase tudo. Mesmo quando defendem uma nova ideia, eles aconselham uma implementação cuidadosa e ponderada.
4. **Guias:** Dispostos a compartilhar a última fofoca da organização, os guias fornecem informações que normalmente não estão disponíveis para pessoas de fora.
5. **Amigos:** Tão agradáveis quanto o nome sugere, os amigos são prontamente acessíveis e terão boa vontade em ajudar os representantes a se conectarem com outras partes interessadas na organização.
6. **Alpinistas:** Focados principalmente em ganho pessoal, os alpinistas apoiam projetos que elevem a si próprios e esperam ser recompensados quando esses projetos são bem-sucedidos.
7. **Bloqueadores:** Talvez melhor descritos como "antipartes interessadas", os bloqueadores são fortemente orientados a seguir o status quo. Eles têm pouco interesse em falar com vendedores externos.

Nossa pesquisa também revelou que representantes medianos gravitam em torno de três perfis de partes interessadas: guias, amigos e alpinistas – tipos que agrupamos como *faladores*. Essas pessoas são agradáveis e acessíveis e compartilham livremente informações da companhia, o que as torna muito atraentes. Mas se seu objetivo é fechar um negócio, e não apenas bater um papo, faladores não o levarão muito longe: com frequência eles são ruins em conseguir o consenso necessário para decisões de compra complexas. Ironicamente, o treinamento de vendas tradicional empurra os representantes para os braços de faladores – reforçando, assim, justamente o desempenho inferior que as companhias buscam melhorar.

Por outro lado, os representantes de alto desempenho buscam perfis muito melhores em conseguir consenso: batalhadores, professores e céticos. Chamamos esse tipo de *mobilizadores*. Uma conversa com um mobilizador não é necessariamente fácil. Como eles estão concentrados acima de tudo em conduzir mudanças produtivas para a própria companhia, é sobre isso que eles querem falar – a companhia *deles*, e não a sua. Na verdade, em muitos aspectos mobilizadores são agnósticos em relação a fornecedores. Eles são menos propensos a apoiar um fornecedor específico do que um insight específico. Representantes que contam com uma abordagem de vendas tradicional baseada em características e benefícios provavelmente vão fracassar se envolverem mobilizadores na jogada.

Questionamentos sem fim e diagnósticos de necessidades não têm valor para os mobilizadores. Eles não querem conversas banais; estão buscando especialistas de fora para compartilhar insights sobre o que a companhia deles deveria fazer e se mostram envolvidos por ideias grandes e inovadoras. Contudo, ao ouvirem essas ideias, mobilizadores fazem muitas perguntas difíceis – empreendedores porque querem *fazer*, professores porque querem *compartilhar* e céticos porque querem *testar*. Céticos são especialmente propensos a examinar minuciosamente um insight antes de prosseguir com a negociação. Isso pode ser intimidador para muitos representantes, que podem se confundir e achar que as perguntas do cético demonstram hostilidade em vez de envolvimento. Mas representantes de alto desempenho vivem para esse tipo de conversa. Falamos com um que disse: "Se o cliente não for cético e não me pressionar, então ou fiz algo errado ou ele simplesmente não está levando o trabalho a sério."

A pesquisa na prática

Trabalhamos com representantes de alto desempenho em todo o mundo para desenvolver um guia prático para identificar mobilizadores. (Veja o esquema "Encontrando os aliados certos".) O primeiro passo é avaliar a reação de um cliente a um insight provocativo. (Por exemplo, representantes da companhia de suprimentos industriais Grainger começam suas conversas citando dados que mostram que uma parcela absurdamente alta – 40% – da despesa das companhias em manutenção, consertos e operações vai para compras não planejadas.) O cliente desconsidera o insight de cara, aceita o que é dito ou testa o representante com perguntas difíceis? Ao contrário do que pensa a sabedoria comum, perguntas difíceis são um bom sinal: indicam que o contato tem o ceticismo saudável de um mobilizador. Se o cliente aceita a afirmação sem questionar, você está lidando com um falador ou um bloqueador – a diferença é que o falador pelo menos vai oferecer informações úteis sobre sua organização, enquanto que um bloqueador não vai conversar sobre nada.

Depois o representante deve observar atentamente *como* o cliente discute o insight à medida que a conversa progride. Fique atento ao cliente

Encontrando os aliados certos

Identificamos sete tipos diferentes de partes interessadas dentro de organizações clientes. Representantes de alto desempenho eliminam os tipos menos úteis e miram naqueles que podem ajudar a fechar o negócio. Veja aqui como fazer o mesmo.

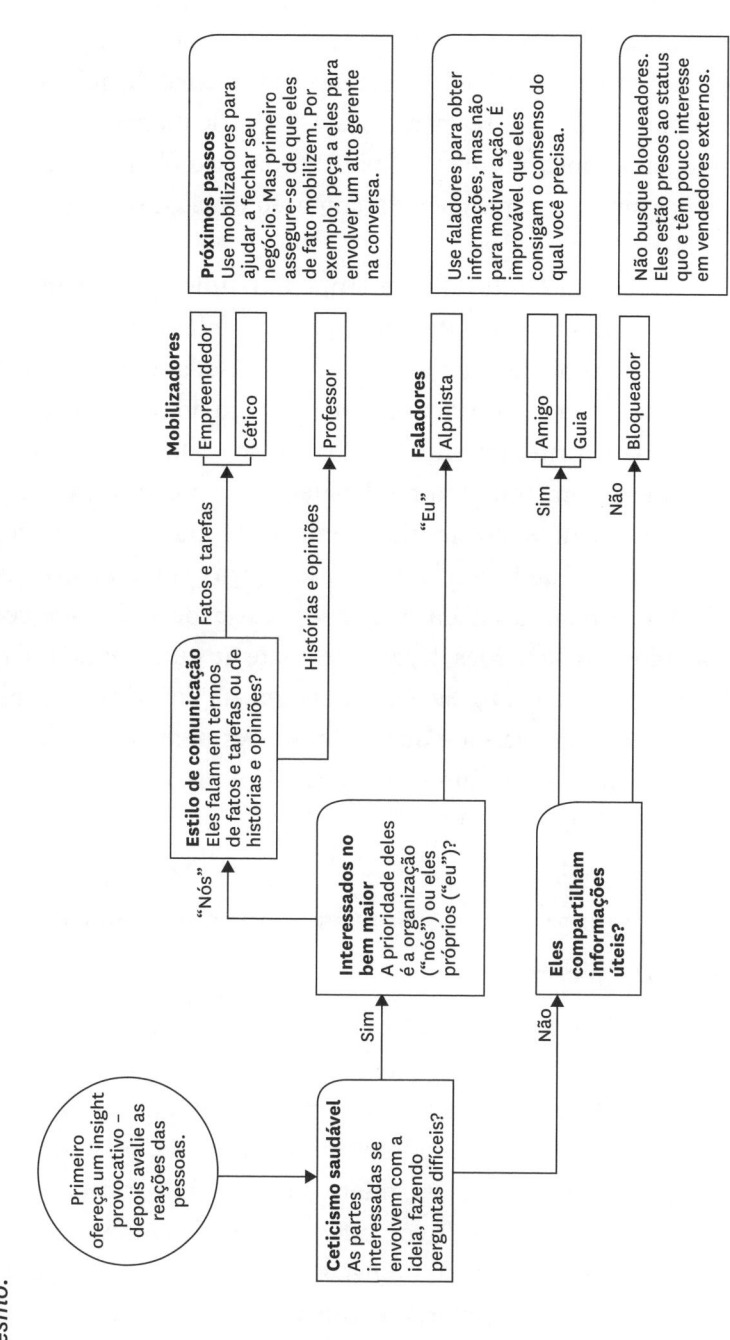

Primeiro ofereça um insight provocativo – depois avalie as reações das pessoas.

Ceticismo saudável
As partes interessadas se envolvem com a ideia, fazendo perguntas difíceis?

↓ Sim

Interessados no bem maior
A prioridade deles é a organização ("nós") ou eles próprios ("eu")?

→ "Nós" → **Estilo de comunicação**
Eles falam em termos de fatos e tarefas ou de histórias e opiniões?

- Fatos e tarefas → **Mobilizadores**: Empreendedor / Cético
- Histórias e opiniões → Professor

→ "Eu" → **Faladores**: Alpinista

Não ↓

Eles compartilham informações úteis?

- Sim → Amigo / Guia
- Não → Bloqueador

Próximos passos
Use mobilizadores para ajudar a fechar seu negócio. Mas primeiro assegure-se de que eles de fato mobilizem. Por exemplo, peça a eles para envolver um alto gerente na conversa.

Use faladores para obter informações, mas não para motivar ação. É improvável que eles consigam o consenso do qual você precisa.

Não busque bloqueadores. Eles estão presos ao status quo e têm pouco interesse em vendedores externos.

que diz algo como "Você está pregando para convertidos. Tenho feito *lobby* para esse tipo de coisa há anos!". Se ele vê a ideia como um meio de levar adiante as próprias intenções pessoais – falando principalmente em termos de "eu" em vez de "nós" –, esse é um forte sinal de que ele é um alpinista. E alpinistas podem ser perigosos. Uma série de representantes de alto desempenho nos contou que alpinistas não são óbvios só para eles; eles são óbvios também para colegas e, com frequência, disseminam ressentimento e desconfiança.

Representantes de alto desempenho nunca presumem que identificaram um mobilizador até que a pessoa tenha provado isso por meio de ações. Geralmente pedem a partes interessadas que eles acreditam que sejam mobilizadores que marquem uma reunião com tomadores de decisões cruciais ou forneçam informações que só podem ser obtidas investigando ativamente uma questão ou debatendo com colegas. Uma representante de alto desempenho de uma companhia mundial de telecomunicações nos explicou que sempre testa o que seus contatos no cliente dizem a ela que podem fazer. Em particular, ela pede a eles que convidem altos tomadores de decisões, frequentemente de outras funções, para reuniões de acompanhamento. Se eles fracassam em conseguir que as pessoas certas participem, ela sabe que, embora eles possam *aspirar* a mobilização, provavelmente carecem das conexões ou da influência necessárias para concretizá-la.

Estratégia 3: Dê aos clientes treinamento sobre como comprar

Líderes de vendas com frequência negligenciam o fato de que, por mais difícil que seja para alguns fornecedores vender soluções complexas, é ainda mais difícil para a maioria dos clientes comprá-las. Isso é especialmente verdade quando mobilizadores tomam a frente, pois eles são "pessoas de ideias" que tendem a ter muito menos familiaridade com os detalhes de processos internos de compra do que os faladores.

Como já testemunharam negócios parecidos degringolarem em outras organizações, fornecedores costumam ser mais bem posicionados do que o cliente para conduzir uma compra pela organização. Fornecedores podem prever objeções, antecipar politicagem entre nichos e, em muitos casos, desviar de problemas antes que eles surjam. O processo é parte da estratégia abrangente de oferecer insight em vez de extraí-lo. Enquanto a maioria dos representantes conta com um cliente para treiná-los durante uma venda, representantes de alto desempenho treinam o cliente.

Tendo isso em mente, é importante refletir sobre quanto tempo e esforço organizações de vendas investem em equipar seus representantes para "descobrir" o processo de compra do cliente. A maioria os treina para fazer uma série de perguntas sobre como decisões são tomadas e como o negócio deve progredir, presumindo que o cliente terá respostas precisas. Essa é uma estratégia fraca.

Líderes de vendas consideram essa estratégia profundamente perturbadora. Como um representante pode guiar um cliente pelo processo de compra quando ele provavelmente não compreende as idiossincrasias da organização do cliente? O processo de compra de cada cliente não é único? Em uma palavra: não. Um representante de alto desempenho que entrevistamos explicou: "Não desperdiço muito tempo perguntando aos meus clientes sobre quem deve estar envolvido no processo de aprovação, até porque precisamos obter a adesão dessa pessoa, ou sobre quem tem o controle do dinheiro. Os clientes não vão saber – eles são novos nesse tipo de compra. Na maioria das minhas negociações, sei mais do que os clientes sobre como a compra vai se desenrolar. Eu os deixo defender a visão internamente, mas é meu trabalho ajudá-los a fechar o negócio."

A pesquisa na prática

A Automatic Data Processing (ADP), líder mundial em soluções de terceirização de negócios, recentemente introduziu uma metodologia projetada para reorientar seus representantes de vendas – e a companhia inteira – em torno dos processos de compra de seus clientes. Ela é chamada Compra Facilitada (Buying Made Easy).

O objetivo é reduzir o fardo sobre o cliente fazendo representantes de vendas seguirem passos predeterminados, cada qual com as próprias ferramentas e os documentos necessários para dar suporte aos clientes durante todo o processo. Em vez de representar um conjunto de atividades de venda, como nos programas tradicionais, os passos representam um conjunto de atividades de compra ("reconhecer necessidade", "avaliar opções", "validar e selecionar uma solução"), juntamente com ações recomendadas que vão ajudar os vendedores a orientar o cliente. Qualquer conversa na ADP sobre o status de uma negociação leva em conta o que o cliente precisa fazer em seguida e como a ADP pode ajudá-lo na respectiva etapa.

Além disso, a ADP elaborou etapas de verificação para assegurar que representantes consigam documentar de forma precisa e plena o progresso de compra do cliente. Por exemplo, um verificador é o compromisso que um cliente faz por escrito de que vai fazer um diagnóstico pré-vendas, avaliando a exposição da companhia a riscos e sua tendência a optar por uma solução terceirizada. Cada verificador é um indicador claro e objetivo de onde exatamente um cliente está no processo de compra.

É o fim das vendas de soluções tradicionais. Os clientes vêm cada vez mais se esquivando de representantes; estão usando informações disponíveis publicamente para diagnosticar as próprias necessidades e recorrendo a departamentos de compras sofisticados e a consultores externos para ajudá-los a fechar os negócios nas melhores condições possíveis. Essa tendência só tende a aumentar. Para vendas, isso não é apenas mais um verão longo e quente; é a mudança climática por atacado.

Muitos representantes vão simplesmente ignorar essa reviravolta e continuar com vendas de soluções, e seus clientes vão rejeitá-los progressivamente. Mas os representantes adaptáveis, que procuram clientes prontos para mudanças, se utilizam de insights provocativos para desafiar esses clientes e dão a eles treinamento sobre como comprar, se tornarão indispensáveis. Pode até ser que eles ainda estejam vendendo soluções – mas, em um sentido mais abrangente, estão vendendo insights. E nesse novo mundo há um diferencial entre uma proposta que não vai a lugar algum e outra que assegura o negócio com o cliente.

Publicado originalmente em julho-agosto de 2012.

5

Vendendo para micromercados

Manish Goyal, Maryanne Q. Hancock e Homayoun Hatami

DURANTE ANOS, REPRESENTANTES DE VENDAS de uma companhia líder de produtos químicos e serviços trabalharam seus territórios com sucesso, mas nos últimos meses o volume de vendas se estabilizou por causa da concorrência e de mudanças na demanda. Usando sua capacidade analítica emergente, a companhia mundial analisou seu negócio de modo mais granular. Ela dividiu suas sete regiões nos Estados Unidos em setenta "micromercados" e concentrou-se naqueles com maior potencial. Depois retirou representantes de territórios superatendidos, criou "jogadas" de vendas para os pontos quentes recém-identificados e remobilizou a equipe de vendas. Em um ano, a taxa de crescimento de vendas dobrou – sem aumento de custos de marketing ou de vendas.

O segredo para a notável reviravolta da companhia foi sua nova capacidade de combinar, filtrar e separar grandes volumes de dados (*big data*) para desenvolver uma estratégia de vendas altamente eficiente. Enquanto as companhias B2C (*business to consumer*, ou empresa para consumidor) tornaram-se adeptas de explorar os petabytes de dados transacionais ou de outro tipo de compra que os clientes geram quando interagem on-line, só recentemente as organizações de vendas B2B começaram a usar *big data* tanto para informar sua estratégia geral quanto para personalizar propostas de venda para clientes específicos em tempo real. Mas a recompensa pode ser enorme. Como um executivo de vendas na companhia de produtos químicos nos disse: "Não há mais necessidade de contar com a intuição e com conjecturas."

Para compreender como organizações de vendas estão usando *big data*, entrevistamos 120 executivos de vendas de inúmeras companhias ao redor do mundo que obtiveram um desempenho significativamente melhor que o de seus concorrentes em receitas e lucratividade. Essas conversas aprofundadas indicam que a estratégia de micromercados talvez seja a nova aplicação de análise de *big data* mais potente em vendas B2B. Embora costumem ser compreendidos como regiões físicas, os micromercados nem sempre precisam ser delimitados dessa forma; como veremos, até uma rota aérea de transporte de carga pode ser um micromercado. Descobrir e explorar novos pontos quentes de crescimento envolve três passos: definir seus micromercados e determinar seu potencial de crescimento; usar essas informações para distribuir recursos e orientar a equipe de vendas; e incorporar a mentalidade de *big data* nas operações e na cultura organizacional.

Vamos abordá-los em detalhes:

Encontre novos bolsões de crescimento

Muitas companhias acreditam que têm uma boa noção das perspectivas de crescimento de seus territórios ou regiões de vendas, mas os líderes de vendas nunca vão conseguir saber quais municípios, códigos postais ou outras áreas circunscritas são subexplorados e quais não têm potencial de crescimento se não dividirem essa geografia em dezenas ou centenas de micromercados. Além disso, não vão saber com clareza se estão mobilizando suas equipes de vendas a fim de obter o retorno máximo.

O primeiro passo para adotar uma estratégia de micromercados é criar um "mapa de oportunidades" de pontos quentes potencialmente lucrativos. (Veja o quadro "Cinco passos para encontrar bolsões de crescimento" na página 94.) O mapa explora conjuntos de dados internos e externos de

> ## Em resumo
>
> Organizações de vendas sofisticadas estão combinando e analisando minuciosamente as montanhas de dados agora disponíveis sobre clientes, concorrentes e suas próprias operações para dividir suas regiões de vendas existentes em dezenas ou centenas de "micromercados" e identificar novos pontos quentes de crescimento.
>
> Análises de micromercados são realizadas em cinco passos: definir o tamanho ideal do micromercado; determinar o potencial de crescimento de cada um; medir a fatia de mercado em cada um; compreender as causas da variação entre fatias de mercado; e priorizar mercados de alto potencial.
>
> Estratégias de micromercados só funcionam se as equipes de vendas possuem ferramentas simples para facilitar sua implementação, especialmente "jogadas" de vendas adaptadas para as oportunidades que micromercados similares representam. Essas estratégias exigem novos tipos de colaboração interfuncional – por exemplo, entre vendas e marketing, que devem funcionar como uma única equipe.

várias fontes e usa análises sofisticadas para construir um panorama de oportunidades futuras, e não da realidade histórica – um elemento fundamental para posicionar a equipe de vendas rumo ao sucesso.

Para pintar esse quadro de alta resolução, uma companhia começa determinando o tamanho e as posições ideais de seus micromercados, considerando os objetivos e recursos da empresa. Depois gerentes examinam o que motiva as compras dos clientes em cada mercado, determinam a fatia de mercado da empresa em cada um e buscam as causas da variação entre mercados. Com base nessa análise, a companhia identifica quais mercados representam as maiores oportunidades de crescimento.

Reunir os dados e fazer as análises necessárias para essa tarefa é algo muito complexo, então é muito mais eficiente unir vendas e marketing para criar um mapa de micromercados do que ter grupos dispersos em funções diferentes procurando pedaços e depois tentar uni-los para dar origem a um quadro coerente. O objetivo é definir o problema, os métodos para

Cinco passos para encontrar bolsões de crescimento

A BuildCo, uma companhia de materiais de construção, identificou pontos quentes lucrativos em seu mercado no Texas por meio de cinco passos. (Este exemplo fictício se utiliza das experiências de uma grande companhia americana de B2B com a qual trabalhamos.)

Um mapa de oportunidades é a base da estratégia de micromercados. Aqui examinamos mais atentamente cada etapa do processo.

1. Defina o tamanho do micromercado

Comece por determinar o tamanho ideal para seus micromercados. Eles devem ser delimitados por município, código postal ou outra característica? Para responder a essa pergunta, determine o raio do território dos seus representantes – a distância média que eles viajam de um ponto central no campo. Escolher um tamanho menor do que o raio do território seria subutilizar a equipe de vendas. Depois identifique os pontos em que as dinâmicas de mercado mudam – por exemplo, nos limites da região de um concorrente ou o limite a partir do qual a densidade de clientes muda. Por fim, avalie se a equipe de vendas será capaz de executar a estratégia com eficiência. Um micromercado de nível municipal pode parecer ideal de um ponto de vista estratégico, mas a equipe de vendas pode carecer dos recursos ou da capacidade para cobrir uma região desse tamanho.

Utilizando fatores como o raio do território dos representantes como guia, a BuildCo segmentou suas dez regiões de vendas no Texas em 254 municípios, cada um representando um micromercado.

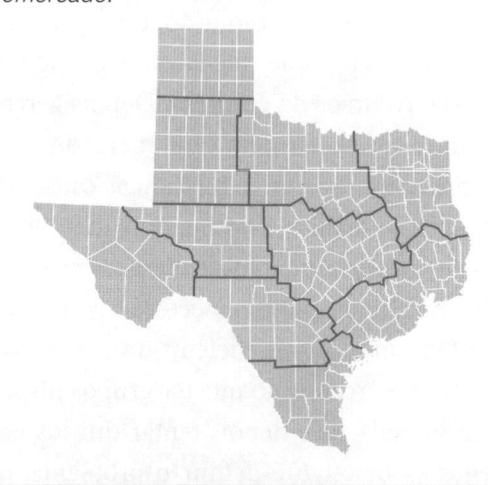

2. Determine o potencial de crescimento

Para determinar o potencial de crescimento de cada micromercado, identifique o que motiva as compras de todos os seus clientes, inclusive os potenciais. Elabore uma lista com quinze a vinte motivadores usando seu conhecimento sobre o setor, entrevistas com clientes e representantes, e hipóteses informadas. Os motivadores podem ser custos de informações, custos de capital, demografia local e daí em diante. Determine até que ponto cada motivador influencia as compras dos clientes – por exemplo, estabeleça correlações simples de crescimento usando dados históricos dos dois ou três anos anteriores. Compreender quais motivadores têm a maior influência sobre a demanda dos clientes ajuda você a determinar em quais micromercados é mais provável que haja crescimento. Além disso, informações sobre demanda no nível do cliente individual, quando agregadas, podem ajudar a definir ainda mais áreas geográficas de alto crescimento.

Examinando os motivadores de compra de clientes em cada micromercado, tais como terreno e idade do parque imobiliário, a empresa estimou quais mercados estavam mais propensos a crescer.

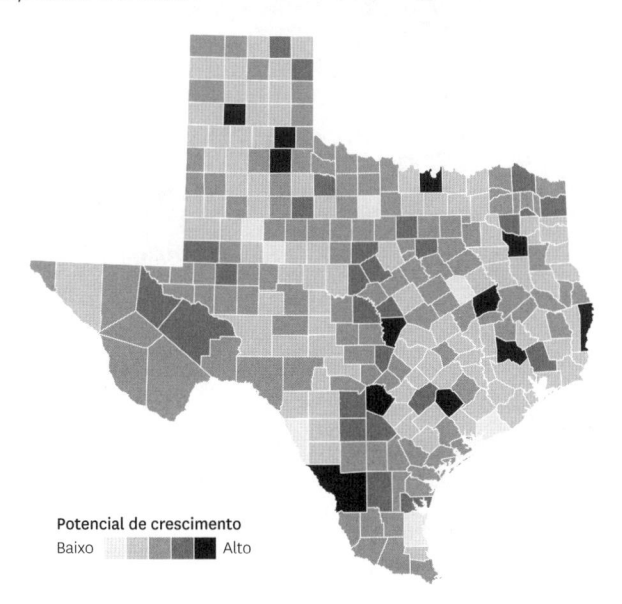

Potencial de crescimento
Baixo ▭▨▨▮ Alto

(*continua*)

3. Determine a fatia de mercado

Usando dados de vendas passadas, determine a fatia de mercado em cada micromercado. Os dados cruciais são receitas e margens em diversas linhas de negócios. Muitas companhias consideram essa etapa difícil, pois não têm acesso imediato aos dados necessários.

Depois calcule as tendências de vendas em cada micromercado nos dois ou três trimestres anteriores – ou dois ou três anos para negócios sazonais – e compare-as com dados de seu mapa de oportunidades. Isso vai mostrar a tendência da sua fatia de mercado. A fatia de mercado de alguns micromercados pode chegar a ser cinco vezes maior que a dos outros pares; a fatia de crescimento consegue alcançar o dobro dessa taxa.

A BuildCo determinou que a fatia de mercado estava longe de ser uniforme em diferentes micromercados, chegando a uma proporção de 5:1.

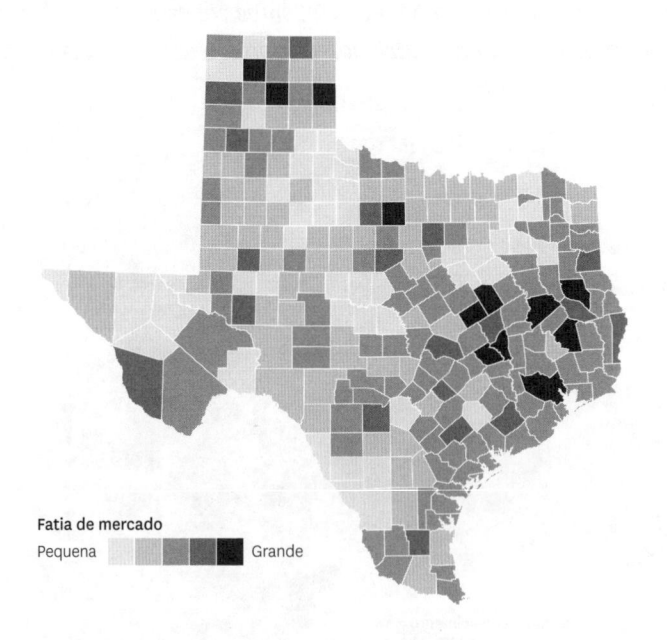

Fatia de mercado
Pequena ▬▬▬ Grande

4. Identifique as causas da variação entre fatias de mercado

Depois determine o que explica a variação de fatia entre os micromercados. Reúna dados internos e externos nas atividades de marketing e de vendas que podem impactar a fatia de mercado. Entre essas informações coletadas costuma haver dados sobre a cobertura de representantes em cada mercado e sobre metas e desempenho dentro de cada um; dados relativos a seus parceiros no mercado; suas despesas com marketing; e definição de preços por canal e por produto. O importante é compreender como tanto sua estratégia de vendas quanto seus fatores competitivos afetam a fatia de mercado em cada um dos micromercados.

A seguir determine se variações nesses fatores explicam a variação na fatia de mercado. Por exemplo, em um micromercado que possui uma fatia de mercado pequena, a culpa é dos representantes, que não fizeram uma cobertura adequada, ou da demografia em constante mudança?

Líderes de vendas identificaram as principais causas de fatias de mercado menores em micromercados de alto potencial de crescimento. Pouca cobertura por parte dos representantes e pouca despesa em marketing foram as mais fáceis de resolver.

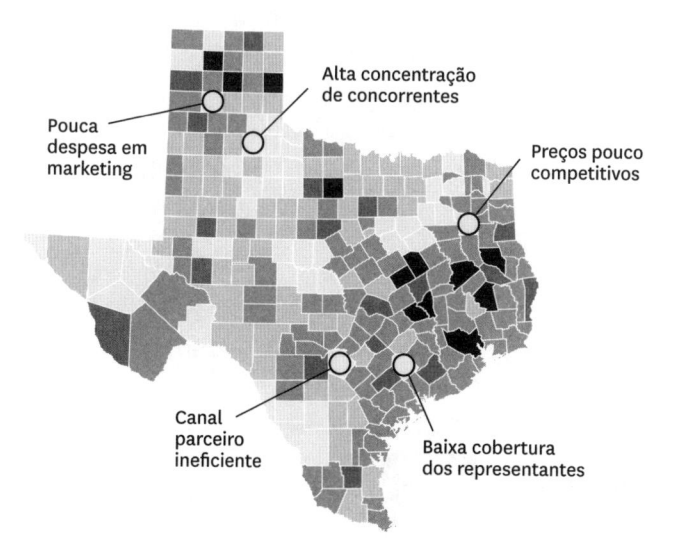

- Pouca despesa em marketing
- Alta concentração de concorrentes
- Preços pouco competitivos
- Canal parceiro ineficiente
- Baixa cobertura dos representantes

(continua)

5. Priorize bolsões de crescimento

Compreender as causas originais de variação na fatia de mercado permite que você priorize seus micromercados e determine quais bolsões de crescimento devem ser o seu foco. Por exemplo, companhias podem querer direcionar recursos a áreas em que seja fácil resolver a causa de fatias de mercado menores, o que acontece quando o motivo é pouca cobertura de representantes, em vez de alocá-los em áreas onde a causa seja, digamos, preços pouco competitivos em locais onde a estrutura de custos faria com que uma guerra de preços fosse difícil de vencer.

Priorizar micromercados é um exercício iterativo. A alta gerência desenvolve orientações para a abordagem, de cima para baixo, específicas a cada grupo de micromercados. Para assegurar a adesão dos vendedores de campo, é importante que gerentes de vendas tenham flexibilidade em nível local para, digamos, decidir quantos e quais representantes serão movidos de uma área de baixa prioridade para um ponto quente.

Tendo como base a análise, a BuildCo moveu mais representantes e receitas de marketing para os 20% no topo dos micromercados de alto crescimento e com uma fatia de mercado menor sem alterar as despesas totais.

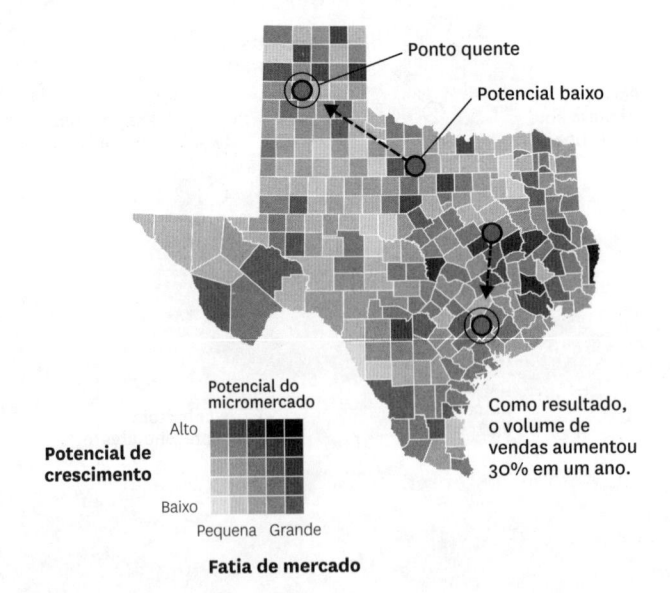

solucioná-lo e, principalmente, traduzir os insights resultantes em ferramentas que a equipe de vendas possa utilizar.

Facilite o trabalho da equipe de vendas

Para que uma estratégia de micromercados funcione, a gerência deve ter coragem e imaginação para agir a partir dos insights revelados pela análise. A maioria dos líderes de vendas emprega recursos baseados no desempenho atual ou histórico de determinada região de vendas. Acreditamos que, embora buscar oportunidades futuras no nível de micromercados possa parecer arriscado, basear estratégias em visões antigas de mercado e em seu desempenho passado é ainda pior.

Uma vez que a gerência esteja envolvida, a equipe de vendas precisa compreender o raciocínio por trás da estratégia de micromercados e ter ferramentas simples que facilitem sua implementação. Isso significa alinhar a cobertura de vendas com oportunidades e criar "jogadas" de vendas objetivas para cada tipo de oportunidade.

Alinhe cobertura de vendas com oportunidade

Durante o processo anual de planejamento de vendas, os gerentes determinam como investir recursos para capturar a demanda esperada. O primeiro passo é alocar recursos em diferentes mercados tendo como base seus potenciais gerais. Mas, em vez de sair distribuindo seus vendedores entre os clientes logo em seguida, os gerentes usam insights sobre oportunidades de crescimento e recomendam modelos de cobertura para vários tipos de mercado de modo a repensar a distribuição de seus representantes.

Por exemplo, no caso de um bolsão urbano de alto crescimento e baixa intensidade competitiva que uma companhia não explora tanto, esta deveria enviar um "caçador" para a área; dependendo da densidade de clientes, esse mercado pode sustentar alguns representantes desse tipo, cada um especializado em um conjunto específico de segmentos de clientes. Um mercado de crescimento menor sobre o qual a companhia possui ampla cobertura exigiria "cultivo defensivo" – isto é, menos representantes, mas com muita habilidade em gerenciamento de contas. Gerentes de vendas locais

O que é *big data*?

Big data refere-se a vastos conjuntos de dados tipicamente coletados de muitas maneiras e de muitas fontes, com frequência em tempo real. Em contextos de B2B, esses dados podem ser obtidos de redes sociais, sites de *e-commerce*, registros de visitas a clientes, entre outros. Esses não são os conjuntos de dados regulares que as companhias possuem em seus bancos de dados CRM. Variando de algumas dezenas de terabytes até muitos petabytes, o acervo é tão extenso e complexo que são necessárias ferramentas especiais de software e perícia em análises para reuni-lo, administrá-lo e extrair algo dele. Esse acervo pode ser usado para tudo, de extração de insights de vendas de dados não estruturados (tais como comentários sobre marcas específicas na internet) a avaliação de padrões de clima regionais para prever o consumo de cerveja e compreender o panorama competitivo em seus pormenores.

---

deveriam ser treinados para usar os dados do mapa de oportunidades para identificar mais precisamente aonde querem que seus representantes dediquem seu tempo e como desejam dimensionar seus territórios.

Considere o caso da companhia de produtos químicos. Em vez de olhar para as vendas atuais por região, como sempre fizera, a companhia examinou a fatia de mercado dentro de setores da indústria cliente em municípios específicos dos Estados Unidos. A análise de micromercados revelou que, embora detivesse 20% do mercado geral, a companhia detinha até 60% em alguns mercados, mas tão pouco quanto 10% em outros, incluindo alguns dos segmentos de crescimento mais rápido. Com base nessa análise, a empresa redistribuiu sua equipe de vendas para explorar o crescimento.

Por exemplo, uma representante de vendas vinha gastando mais da metade de seu tempo a 320 quilômetros de seu escritório, ainda que apenas um quarto das oportunidades de sua região estivesse naquela região. Isso acontecia simplesmente porque os territórios de vendas haviam sido designados de acordo com o desempenho histórico, e não com perspectivas de crescimento. Agora ela passa 75% do seu tempo em uma área onde estão 75% das oportunidades – a 80 quilômetros de seu escritório. Mudanças como essa aumentaram o índice de crescimento de contas novas da empresa de 15% para 25% em apenas um ano.

Crie jogadas de vendas para cada tipo de oportunidade

Análises de micromercados apresentam várias novas oportunidades, portanto o desafio para as companhias é descobrir uma forma de ajudar uma equipe de vendas generalista a adaptar eficientemente mensagens e materiais para cada oportunidade.

As empresas deveriam identificar grupos de micromercados – ou "pares" – que compartilham certas características. Por exemplo, determinados pares podem ter alto crescimento com baixa intensidade competitiva. Já outros podem ter mercados com estruturas de custos operacionais parecidas. Por serem estruturalmente similares, os pares representam oportunidades de vendas similares. As empresas costumam achar que quatro a dez pares é um número administrável.

Para cada conjunto de pares, gerentes de marketing desenvolvem uma estratégia e uma "jogada" – a melhor maneira de vender para aquele segmento de clientes ou de mercado. Por exemplo, a companhia de produtos químicos agrupou seus setenta micromercados em quatro conjuntos de pares e desenvolveu uma estratégia para cada um, como "investir", a partir da qual ela buscava obter uma fatia de mercado maior, e "manter", quando ela buscava conservar sua fatia de mercado enquanto ampliava a eficiência operacional. A jogada geralmente inclui orientação na oferta, na definição de preços e nas comunicações, e pode incluir materiais adicionais sob medida para cada micromercado.

As empresas costumam desenvolver e aperfeiçoar jogadas de duas formas: adaptando abordagens que foram bem-sucedidas em condições similares ou testando novas jogadas em mercados-piloto. Uma companhia de telecomunicações que pesquisamos sempre testava jogadas em diferentes segmentos de clientes para determinar quais ofertas, a que preços e de quais tipos de serviço eram mais bem-sucedidos em diversos mercados.

Finalmente, gerentes de vendas comunicam para a equipe de vendas de campo o raciocínio que os fez designar mercados ou clientes para os grupos de pares e as estratégias e jogadas para cada grupo. Essa transparência será importante para motivar representantes e ajudá-los a compreender as expectativas de desempenho, como discutiremos adiante.

Tudo isso foi levado em consideração no caso de uma companhia aérea de carga que usava a estratégia de micromercados de forma bem-sucedida.

Em um movimento inovador, essa empresa delimitou micromercados não por área geográfica, mas de acordo com rotas de voo – considerando cada rota um micromercado. Depois ela observou a demanda em cada uma – examinando variáveis como volume e tempo – e dividiu os clientes em grupos de pares. Um cliente, por exemplo, precisava enviar robalo fresco da Itália às quartas-feiras para que fosse consumido nos fins de semana em Nova York. Para outro cliente, uma estufa comercial, o pico de demanda ocorria durante a semana anterior à do Dia dos Namorados.

Lançando mão dessa análise, a companhia desenvolveu uma jogada de negociação diferente para cada grupo de pares. Por exemplo, ela poderia aumentar os preços para clientes que solicitavam remessas em períodos ou rotas de alta demanda e relaxar os limites de volume para clientes que precisavam de rotas de menor demanda. Ela também podia ajustar os preços de acordo com a capacidade disponível em um voo ou uma rota específicos e reconhecer quais clientes estavam contribuindo mais dentro de micromercados desafiadores e visar a eles – e recompensá-los – de forma apropriada.

Apoie a equipe de vendas na execução das jogadas

Para que uma estratégia de micromercados seja bem-sucedida, a equipe de vendas precisa fazer treinos experimentais. Os vendedores devem se envolver com os mapas de oportunidades que revelam micromercados quentes (e frios) em dada área geográfica e testar sua intuição em comparação com dados sólidos. (Pode ser revelador para eles descobrir que nesse ramo com frequência há mais análise de dados do que rumores.) O treinamento também deve permitir que eles pratiquem e aperfeiçoem as jogadas de vendas recomendadas. Esse envolvimento prático não apenas ajuda a conquistar os representantes de vendas como é um método de ensino muito mais eficiente do que palestras ou demonstrações.

Além de treinamento interativo, representantes vão precisar praticar também alguns argumentos de venda específicos. Para alcançar esse objetivo, várias companhias líderes criaram *win labs* (laboratórios de vitória) internos, nos quais especialistas em vendas e marketing ajudam os representantes a elaborar seus argumentos de venda. (O mapa de oportunidades, desenvolvido cedo em uma análise de micromercados, oferece informações inestimáveis como quais são os motivadores de demanda ou o que motiva determinado cliente a comprar.) Pede-se que os vendedores levem seus argumentos de venda para o *win lab* (em geral virtualmente) e então a equipe do laboratório fornece dados, insights e propostas de valor adicionais sobre o mercado ou clientes similares que o representante pode usar para criar uma jogada de vendas para um cliente específico.

Por exemplo, a companhia de produtos químicos que acompanhamos produziu pacotes de argumentos de venda para cada setor econômico a que servia. Os pacotes eram ainda mais customizados para o tomador de decisões com quem o representante de vendas iria interagir. "Antes, meus documentos pareciam um monte de rabiscos", disse um representante com eloquência. "Agora tenho materiais apresentáveis, variando de um resumo de quatro páginas para um gerente de fábrica a um documento técnico mais aprofundado para um gerente de pesquisa e desenvolvimento."

Obviamente, ajudar a equipe de vendas a executar estratégias de micromercados não é um esforço que se faz uma única vez; a gerência deve ser capaz de dar esse suporte de forma contínua. Por exemplo, na companhia aérea de carga, a gerência desenvolveu um painel de desempenho simples para ajudar representantes em negociações de preço e de volume com grandes clientes por rota, tempo, capacidade e concorrência. O painel exibe informações imprescindíveis em tempo real, como se houve overbooking em algum voo específico e dados sobre os itinerários semanais da linha aérea e de seus concorrentes. O gerente de vendas realiza reuniões semanais de estratégia de vendas com cada representante para assegurar que ele está bem preparado para sugerir os melhores negócios. Esse esforço teve como resultado um aumento de 20% a 50% no número de negociações com clientes principais.

Ponha os dados no centro das vendas

Para sustentar as vitórias iniciais de uma estratégia de micromercados, as empresas precisam mudar sua abordagem em relação ao gerenciamento da equipe de vendas de três maneiras: repensando o gerenciamento do desempenho, abrindo novos canais entre vendas e marketing e investindo em desenvolvimento de talentos.

Gerenciamento do desempenho

Poucas medidas gerenciais serão tão eficazes em destruir novas iniciativas mais rápido do que continuar a recompensar comportamentos antigos. Para início de conversa, os gerentes devem deixar de avaliar o desempenho do representante em comparação com toda a equipe de vendas e passar a avaliá-lo em relação às oportunidades. Você não necessariamente quer que Maria tente obter um desempenho melhor do que o de João; você quer que ela atinja ou supere uma meta que você definiu com base nos micromercados e nos grupos de pares para os quais ela está vendendo.

Um novo guia de vendas para representantes

Os melhores vendedores estão substituindo a tradicional "venda de soluções" pela "venda de insights" – uma estratégia que exige abordagem radicalmente diferente em várias etapas do processo de compra.

Abordagem tradicional	Estratégia de micromercados
Gerenciamento de dados	
Departamento de vendas reúne dados de clientes de fontes internas (CRM, contas, bancos de dados de serviços ao cliente)	Departamento de vendas combina enormes bancos de dados internos e externos como demografia, conversas em redes sociais e intensidade competitiva
Dados são atualizados e analisados trimestral ou semestralmente	Dados são atualizados e analisados mensal, semanal e diariamente
Analistas externos fornecem ferramentas, conselhos e serviços estatísticos	A obtenção de dados e as análises são realizadas por especialistas internos
Alocação de recursos	
A cobertura de vendas é definida por grandes regiões e territórios	A cobertura de vendas é segmentada em dezenas ou centenas de micromercados
Recursos de vendas são alocados de acordo com o desempenho histórico de uma região	Recursos são empregados no nível do micromercado de acordo com a expectativa de oportunidades futuras
Gerenciamento do desempenho	
O desempenho de representantes (e de canais parceiros) é avaliado em relação a outros representantes (e outros canais parceiros)	O desempenho é avaliado tendo como base a oportunidade dentro de micromercados
Colaboração	
Vendas, marketing e outros departamentos trabalham de forma independente	Vendas, marketing, estratégia, serviço ao cliente e outras funções são colaborativos

O gerenciamento do desempenho em um ambiente de vendas rico em dados pode estar mais próximo do que nunca de medir o desempenho real de uma equipe de vendas. Uma recorrente fonte de frustração (e de impressões distorcidas) é que um ótimo vendedor que trabalha um mercado em declínio pode estar fazendo milagres mas vai parecer ter um desempenho ruim se for avaliado em comparação com dados históricos ou com colegas que cubram mercados em crescimento. Dividindo micromercados ou conjuntos de clientes em grupos de pares de acordo com as oportunidades futuras de vendas que eles representam, as companhias podem criar planos de vendas e metas mais bem fundamentados. Ao fazer isso, elas também serão capazes de, finalmente, comparar maçãs com maçãs olhando para o desempenho das vendas de representantes trabalhando no mesmo grupo de pares e avaliando esses vendedores levando em conta metas cuidadosamente elaboradas para esse grupo em vez de números de crescimento arbitrários.

Colaboração interfuncional

Em organizações focadas em micromercados, o setor de marketing com frequência assume mais funções, particularmente porque fornece análises de dados ao setor de vendas e apoia o desenvolvimento e testes de jogadas de vendas para um micromercado ou grupo de pares específico.

Considere o caso de uma companhia asiática de telecomunicações que descobriu, por meio de uma análise de micromercados, que 20% do seu orçamento de marketing estava sendo desperdiçado em mercados com o menor valor de tempo de vida do cliente. A empresa passou a usar esses fundos em seus mercados mais lucrativos, onde estavam dois terços das oportunidades. O marketing então se uniu ao departamento de vendas para redefinir metas de aquisição de clientes no nível do micromercado, tomando por base o potencial de cada mercado; antes, os objetivos eram uniformes em todos os mercados. No passado, quando o marketing definia metas de forma difusa, o setor de vendas as via com ceticismo e tentava reduzi-las; contudo, sob a nova estratégia de micromercados, marketing passou a colaborar com vendas para definir metas de modo transparente. Longe de reduzir as metas, o setor de vendas almejou cotas 10% mais altas do que as do ano anterior – e conseguiu cumpri-las.

Usando análise de *big data* para visar a clientes potenciais individuais

Análises de micromercados são ferramentas poderosas para identificar oportunidades de crescimento granular e áreas de vendas promissoras negligenciadas pelos concorrentes, mas saber quais contas dentro de cada micromercado são os melhores clientes potenciais transforma um alvo amplo em uma agulha num palheiro.

Para definir ofertas, campanhas e preços, as companhias devem buscar dados específicos sobre os clientes em potencial, tais como histórico de compras e experiência de serviço, satisfação com ofertas e padrões de uso. Por exemplo, uma fabricante de equipamentos agrícolas que tinha dividido suas regiões de vendas em micromercados se deu conta de que suas equipes de vendas tinham muito menos insights relativos às necessidades de usuários individuais finais do que possuíam de grupos de foco, que com frequência incluíam clientes "amigáveis". As equipes de vendas começaram a reunir e combinar grandes conjuntos de dados de parceiros sobre os padrões de pedidos de clientes individuais e de grupos de clientes e suas localizações e então desenvolveu hipóteses sobre o comportamento de compras para cada grupo de pares.

Com base em seu sucesso ao explorar dados de compras, a companhia conduziu uma iniciativa mais audaciosa que usou dados de sensoriamento remoto para determinar as atividades de fazendeiros individuais. Esse procedimento forneceu os insights para programas de vendas customizados para fazendeiros individuais de acordo com o tipo de produto que eles cultivavam. Isso exigiu análises sofisticadas, mas a recompensa foi significativa.

Algumas empresas B2B usam análises de mídias sociais para criar listas de *leads* muito específicas. Certa companhia de tecnologia identificou palavras-chave ou termos de busca que indicavam oportunidades de vendas (por exemplo, perguntas sobre como usar determinados produtos ou aplicativos). Cientistas de dados monitoraram gerentes de TI usando as palavras-chave em redes como Twitter, Quora, LinkedIn e Facebook em tempo real e determinaram sua localização (usando o endereço IP ou dados de localização de celulares). Os dados de localização eram conferidos junto com dados internos para situar as pessoas em companhias específicas. Esses *leads* foram então enviados aos representantes de vendas com um conjunto simplificado de insights de vendas relacionados às perguntas específicas feitas nas redes sociais. Os representantes converteram esses *leads* sólidos em quase 80% das vezes.

Dada a tensão histórica entre marketing e vendas, a gerência deve estabelecer processos claros e padronizados em pontos em comum que sejam cruciais. Entre eles estão a entrega de dados e ciclos de feedback, que, a propósito, possibilitam que insights fornecidos pelo setor de marketing sejam testados pelo setor de vendas de campo e assim os resultados sejam entregues de volta para o marketing de modo a orientar mais pesquisas e análises.

Mas essa interação próxima não aumenta o potencial de uma real colaboração. Para isso é necessário colocar marketing e vendas no mesmo barco, como fizeram algumas das organizações mais progressistas, nas quais eles aprendem a funcionar como uma equipe. Uma maneira de conseguir isso é propor, formal e fisicamente, tarefas que marketing e vendas precisem executar juntos, como promover os *win labs*. Outra forma é responsabilizar o departamento de marketing pelo crescimento das vendas, um arranjo eficaz e cada vez mais comum.

Desenvolvimento de talentos

Para tirar vantagem das oportunidades oferecidas pela estratégia de micromercados, tanto a equipe de vendas quanto a de marketing vão precisar elevar suas capacidades, particularmente o talento analítico. Isso será um desafio. As organizações de vendas mais eficientes serão aquelas que colocarem a análise de dados no centro de suas estratégias.

O componente essencial nessa equação de talentos é a ponte entre análise e ação. Embora talento analítico seja importante, os melhores líderes de vendas atribuem a mesma importância a traduzir os insights dos analistas em orientações para os vendedores de campo. Companhias de alto desempenho costumam incluir alguns gerentes de vendas experientes e respeitados na equipe analítica. Eles funcionam como um elo com o campo e traduzem insights em uma linguagem que os vendedores de campo podem acompanhar e disseminar como melhores práticas em diferentes mercados. Algumas empresas identificam alguns poucos vendedores talentosos que são ótimos em solucionar problemas, ensinam a eles a base da metodologia de dados e os desafiam a elaborar jogadas inovadoras que tirem o máximo proveito da análise de *big data*. As empresas concluem financiando suas ideias-piloto. Esse tipo de construção de talento e de capacidade na linha de frente é essencial e produzirá o tipo de pensadores criativos que é fundamental para produzir estratégias bem-sucedidas de micromercados.

O crescimento com análise de *big data* é mais do que um adicional; isso afeta todos os aspectos de um negócio, exigindo uma mudança de mentalidade desde a liderança até as linhas de frente. Esse é um tema que esteve presente em nossas conversas com executivos de vendas em todo o mundo. Descrevendo essa transformação na Pioneer Hi-Bred, uma companhia de produtos agrícolas da DuPont, Alejandro Muñoz, vice-presidente das Américas e de produção mundial, nos disse: "Essa visão detalhada é de fato uma nova maneira de pensar... e leva tempo para que se torne parte do DNA da companhia." Segundo ele, a Pioneer levou anos para conseguir isso, mas hoje em dia dá orientações sobre "como conduzimos nossas operações comerciais, como investimos em função de oportunidades e como mobilizamos vendas e marketing".

Estratégias de micromercados são complexas, mas oferecem uma consistente vantagem competitiva para vendas. Líderes de vendas deveriam se perguntar se podem se dar ao luxo de não abraçar a análise de *big data*.

Publicado originalmente em julho-agosto 2012.

6

Desmontando a máquina de vendas

Brent Adamson, Matthew Dixon e Nicholas Toman

HÁ MUITO TEMPO LÍDERES DE VENDAS estão obcecados por processos disciplinares. Eles criaram *scorecards* de oportunidades, critérios de qualificação e métricas de atividade – tudo parte de um processo de vendas projetado para ajudar os membros da sua equipe a replicar as abordagens de funcionários de alto desempenho. Este é o mundo da máquina de vendas, construída para vender mais do que concorrentes menos focados e menos disciplinados por meio de eficiência em estado bruto e de ferramentas e treinamento de primeira classe.

Há anos fazer essa máquina funcionar tem sido o principal meio para aumento da produtividade. Porém recentemente as vendas foram pegas de surpresa por uma mudança drástica no comportamento de consumo do consumidor. Mesmo enquanto a liderança segue à risca processos que já funcionaram tão bem no passado, o desempenho das vendas vem se tornando cada vez mais inconstante. Companhias estão reportando ciclos de vendas de maior duração, taxas de conversão mais baixas, previsões menos confiáveis e margens comprimidas. A máquina de vendas está enguiçando.

A boa notícia é que o caminho para avançar é claro. Em nossa pesquisa na CEB Marketing, descobrimos que os mesmos processos que tornavam a máquina de vendas tão eficiente agora tornam as vendas mais difíceis. Também identificamos o que é necessário para vencer nesse novo ambiente: os líderes devem abandonar sua fixação em seguir o processo e adotar uma abordagem flexível motivada pela confiança dos representantes de vendas em insights e julgamentos.

A ascensão da venda por insight

Até recentemente, clientes em busca de soluções tinham que pedir aos fornecedores orientação logo no começo do processo de compra, porque não tinham como obter informações cruciais em nenhum outro lugar. Hoje em dia, porém, os clientes estão mais bem informados do que nunca. Quando acionam os fornecedores, eles geralmente já têm uma ideia clara do problema que precisam resolver, das soluções disponíveis e do preço que estão dispostos a pagar por elas. No mundo atual, abordagens baseadas na máquina de vendas movida por processos são insuficientes, pois não dão espaço para os representantes de vendas exercitarem o julgamento e a criatividade ao lidar com clientes altamente bem informados. Esse tipo de consumidor deixa os representantes com pouco a fazer além de oferecer preços competitivos. Como exploramos no artigo "O fim das vendas de soluções" (neste livro, a partir da página 74), o novo ambiente favorece vendedores criativos e adaptáveis que desafiam clientes com insights provocativos sobre seus negócios e oferecem soluções inesperadas (veja o quadro "Vendendo para clientes bem informados" na página 112).

A "venda por insights" é flexível, levando-se em consideração as muitas rotas possíveis para uma venda. Apresentar o insight correto da maneira correta exige determinar o que o cliente já concluiu sobre suas necessidades e as soluções disponíveis, quem são os tomadores de decisões (em geral não são os "suspeitos" habituais) e o que será necessário para fazê-los mudar de ideia. A abordagem mais eficiente para uma venda varia de um negócio para o outro, às vezes radicalmente. Como resultado, nos últimos anos as vendas têm testemunhado uma drástica desconexão entre atividades específicas de vendas e seus resultados; as

Em resumo

O problema

A abordagem de vendas disciplinada e orientada por processos que predominou por anos está fraquejando. O tempo dos ciclos de vendas está aumentando, as taxas de conversão estão caindo, as margens estão encolhendo e as previsões estão se tornando menos confiáveis.

O argumento

Os clientes estão cada vez mais inteirados de suas necessidades e das soluções disponíveis, por isso os representantes de vendas precisam desafiá-los oferecendo insights provocativos e soluções inesperadas. Eles não vão conseguir fazer isso se continuarem a agir orientados por processos.

As lições

Representantes de alto desempenho usam seu julgamento e sua criatividade para instigar os comportamentos de clientes que indicam progresso rumo a uma venda. Para apoiá-los, gerentes estimulam o desenvolvimento de estratégias e soluções de problemas colaborativos; comunicação de forma ampla e informal nos diversos níveis; e foco em desempenho de longo prazo em vez de em curto prazo.

táticas sequenciais que um dia levaram a um progresso previsível em uma venda já não funcionam.

Como os líderes de vendas podem dar melhor suporte à venda por insights? Para descobrir, a CEB passou o último ano entrevistando 2.500 profissionais de vendas de mais de trinta companhias B2B representando todos os maiores setores, localidades e modelos *go-to-market* (planos para lançar um produto ou serviço da forma mais precisa e eficiente possível) entre nossos clientes. Focamos nos atributos gerenciais e organizacionais mais intimamente relacionados com o sucesso de vendedores de alto desempenho. Além disso, corroboramos descobertas quantitativas por meio

Vendendo para clientes bem informados

A estratégia de vendas costumava focar em responder a uma simples pergunta: em um mundo no qual clientes recebem informações principalmente dos fornecedores, como garantir que você seja o primeiro a ensinar algo a eles? Quando conseguiam chegar na frente, os fornecedores moldavam e, por fim, fechavam negócios. A abordagem era assim: identificar clientes no começo de seu processo de aprendizado; apresentar uma solução para eles antes de qualquer outra pessoa; destacar como essa solução atendia às demandas do cliente; e fechar o negócio mais rápido do que os concorrentes.

Como o pessoal de manufatura, líderes de vendas investiram pesado em sistemas de gerenciamento do desempenho projetados para medir a eficiência dos representantes ao seguir esse processo, aprimorando continuamente o desempenho de sua máquina de vendas. Tal abordagem funcionou bem enquanto os fornecedores ofereciam produtos distintos e controlavam a informação sobre eles.

Mas hoje, conforme fornecedores passaram de vender produtos individuais facilmente comoditizados a oferecer "soluções" complexas, os clientes – cautelosos com a escala, o fator provocativo e os custos – passaram a responder com avaliações mais atentas dos negócios. Eles exigem consenso de mais partes interessadas do que nunca; os dias do tomador de decisões único chegaram ao fim. Executivos de vendas de TI reclamam que devem "passar por cima do diretor de TI para vender" e fornecedores de equipamentos médicos choramingam diante da necessidade de vender para organizações de compras. E pior, mesmo depois de já terem identificado as partes interessadas e de tê-las conquistado, os representantes de vendas ainda precisam unir a aceitação desses indivíduos a uma decisão organizacional.

Clientes bem informados agora abordam fornecedores munidos de uma ideia clara das próprias necessidades, das potenciais soluções e do que estão dispostos a pagar. Quando fornecedores encontram clientes desse tipo, com frequência resta pouco para negociar além do preço.

Como resultado, o maior desafio competitivo de um fornecedor hoje é mais a capacidade do cliente de se informar do que a habilidade da concorrência de vender. Enquanto concorrer contra a aptidão de um rival exige uma disciplina de vendas maior – mais chamadas por hora, mais visitas por semana e daí em diante –, concorrer com a capacidade de um cliente de se informar exige atributos superiores para ensinar, um talento para revelar informações importantes que o cliente ainda não tinha. Os melhores representantes de vendas se saem muito bem nesse tipo de procedimento e conseguem conectar os insights que surgem às soluções que sua empresa fornece.

de mais de cem entrevistas com chefes de vendas, operações de vendas, excelência de vendas e gerentes de vendas da linha de frente.

O estudo mostrou que a maioria das grandes organizações B2B ainda espera que seus representantes adotem um comportamento "ideal" estabelecido para atingir o auge de eficiência. Essas empresas, todas exemplos vívidos de uma máquina de vendas, são marcadas por forte valorização dos processos, linhas claras de hierarquia e comando atento por meio de regras formais. Elas enfatizam particularmente o desempenho individual, cultivando uma atmosfera competitiva caracterizada por frequentes concursos, campanhas e atualização do quadro de líderes. E monitoram os representantes de vendas por meio de atenção meticulosa a métricas de curto prazo – especialmente tempos de ciclo e taxas de fechamento de negócios.

Quando olhamos para o clima organizacional mais frequentemente associado a comportamentos de vendas por insight, contudo, encontramos uma imagem espelhada da máquina de vendas, com duas características principais: julgamento dos representantes baseado no aspecto organizacional, e não no seguimento de protocolos da empresa; e foco gerencial em fornecer orientação e apoio em vez de inspeção e direção. Transformar uma organização de vendas tendo essas duas dimensões como base é

O novo mundo das vendas

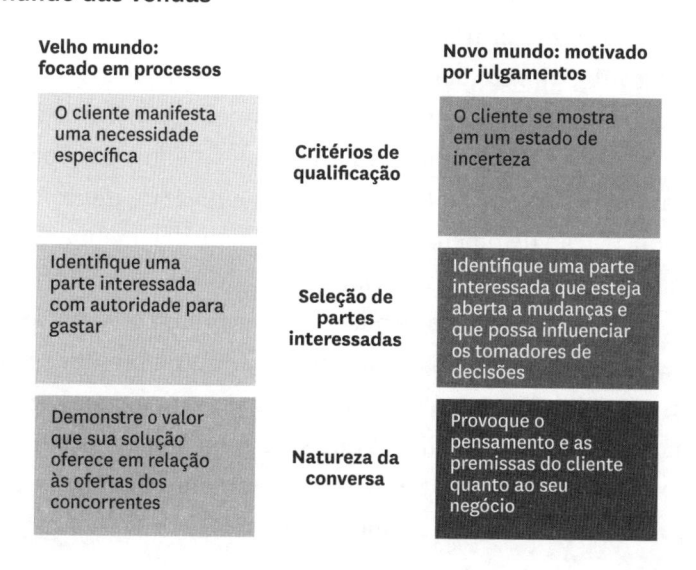

Velho mundo: focado em processos		Novo mundo: motivado por julgamentos
O cliente manifesta uma necessidade específica	Critérios de qualificação	O cliente se mostra em um estado de incerteza
Identifique uma parte interessada com autoridade para gastar	Seleção de partes interessadas	Identifique uma parte interessada que esteja aberta a mudanças e que possa influenciar os tomadores de decisões
Demonstre o valor que sua solução oferece em relação às ofertas dos concorrentes	Natureza da conversa	Provoque o pensamento e as premissas do cliente quanto ao seu negócio

crucial para dar aos representantes o apoio e o espaço de que eles precisam para ser bem-sucedidos no novo ambiente.

Mudando o clima organizacional

Em uma organização de vendas motivada por julgamentos, o clima é similar ao que você encontraria em outros grupos de trabalhadores do conhecimento: gerentes servem mais como treinadores do que como fiscais; grande parte dos colaboradores se autogerencia; o foco está na colaboração em vez de na competição; e o grupo é julgado por resultados de longo prazo, não por seguir protocolos de curto prazo.

Para criar esse tipo de ambiente, os líderes de vendas devem repensar como gerenciam e o que medem. Em vez de exigir que um representante siga à risca uma lista de atividades de vendas, os gerentes devem focar nos comportamentos do cliente, especialmente em quaisquer sinais de que o cliente responderia a um novo insight sobre seu negócio. Tais sinais incluem reconhecer que o próprio status quo não está funcionando, reconhecer que as soluções de outros vendedores são menos viáveis, fornecer informação que não costuma disponibilizar para outros fornecedores e revisar exigências e especificações de compra de uma maneira que reflita as vantagens do fornecedor. Essa mudança de foco dá aos representantes maior margem de manobra para usar seus julgamentos sobre as maneiras mais eficazes de conduzir uma venda.

Nossa pesquisa aponta para uma série de mudanças exigidas para dar suporte a um novo clima organizacional. Primeiro, nossos dados revelam que organizações de vendas motivadas por julgamentos dão forte ênfase a criar demanda no começo do funil de vendas em vez de muito depois. Isso promove construção de pipeline, e não velocidade de pipeline. Se compensações, quadros de desempenho e campanhas de vendas priorizam eficiência e velocidade, os líderes de vendas, inadvertidamente, conspiram com clientes bem informados para forçar que seus representantes se envolvam em vendas motivadas por preços, as quais esperavam evitar. É mais rápido fechar um negócio com um cliente que sabe o que quer e está comprando pelo preço mais baixo do que desafiar o pensamento do cliente e demonstrar que sua solução oferece o melhor valor.

Segundo, os dados destacam que gerentes nessas organizações estão dando aos representantes maior margem de manobra para qualificação, priorização e busca de oportunidades individuais. Nossos dados não indicam que processos e estrutura sejam sempre ruins. De todo modo, representantes são mais propensos a ter sucesso nas suas interações com clientes bem informados quando sentem que têm apoio, e não quando são monitorados, e quando são responsabilizados por resultados em vez de por executar determinadas atividades. Como um líder de vendas disse: "Hoje não existe 'um único caminho para o destino certo', somente muitos caminhos para o destino certo que podem igualmente ser caminhos para o destino errado. Portanto devemos focar não na jornada, mas no destino final."

Terceiro, observamos uma forte ênfase em estimular inovação e senso de propriedade do negócio entre representantes de vendas, com representantes avaliados menos pela execução consistente de uma abordagem do tipo tamanho único do que pelo crescimento lucrativo geral de sua carteira de clientes.

Essas descobertas deixam muitos líderes de vendas nervosos. Os melhores representantes vão prosperar em um ambiente motivado por julgamentos, mas e os outros vendedores? Muitos representantes de desempenho médio se beneficiam – na verdade, dependem – de uma orientação clara. É importante notar que fornecer o apoio de que esses representantes precisam não significa retornar à abordagem da máquina de vendas. A chave é que eles tenham poder de decisão considerável em relação às suas atividades enquanto recebem orientação por meio de – e são considerados responsáveis por – marcos específicos no caminho para uma venda.

Vejamos duas maneiras que as organizações têm de criar um clima motivado por julgamentos. A primeira – um "funil de vendas verificado pelo cliente" – é uma abordagem bem conhecida, mas pouco aplicada, baseada na era da máquina de vendas. Tradicionalmente, nesse modelo vendedores e seus gerentes usam uma combinação de atividades de representantes e de "verificadores" de clientes, ou comportamentos, para monitorar o progresso de uma negociação. Um exemplo simples de verificador é um cliente usando um aplicativo-piloto que um representante sugeriu. As empresas monitoram e medem esses verificadores, mas de modo geral dão a mesma importância, ou mais, às ações dos representantes que levam aos verificadores. Essas ações são monitoradas em sistemas de CRM e a informação é agregada em uma previsão de vendas ou numa revisão de pipeline.

Organizações líderes de vendas implementaram duas mudanças importantes ao adotar essa prática. Primeiro, passaram a monitorar e relatar somente os verificadores do cliente, e não as ações do representante. Essa mudança estimula de forma explícita os representantes a se concentrar em atingir certos resultados da melhor maneira em vez de simplesmente executar atividades da maneira prescrita. Como resultado, os representantes são livres para pensar de forma mais criativa sobre como evocar certas reações de clientes individuais. Em um ambiente de vendas altamente variado, algumas atividades podem ou não ser o melhor caminho.

Segundo, as organizações de vendas mais avançadas estão verificando os comportamentos de um cliente não apenas no fim do processo, para observar se ele está propenso ou não a fazer uma compra, mas também logo no começo da negociação, de modo a conferir se o cliente está pronto e disposto a mudar. Essa abordagem de vendas busca criar demanda, e não simplesmente reagir a ela, portanto verificar se um cliente está pronto para mudanças é um pré-requisito para tentar fechar um negócio. Para monitorar essa mudança de atitude no cliente é necessária uma avaliação mais profunda. Por exemplo, além de perceber se o cliente agendou outra demonstração, vendedores precisam observar indícios de que o grupo de compras não está achando o desempenho deles bom o suficiente.

Vamos ver como o funil de vendas verificado pelo cliente funciona na ADP, uma líder global em gerenciamento de capital humano. A ADP identificou uma série de verificadores que refletem como seus clientes tomam uma decisão de compra complexa. Compreender esses verificadores capacitou os gerentes de vendas a projetar melhores ferramentas e a fornecer melhor orientação à equipe de vendas. Revisões de pipeline, por exemplo, adquiriram um tom bastante diferente. Em vez de se envolver em "coaching de planilhas" ("Você marcou hora com os tomadores de decisões? Conseguiu saber se eles têm dinheiro para esta compra? Enviou nossa proposta?"), os gerentes da ADP colaboram com os representantes para refletir sobre a melhor maneira de evocar determinados verificadores de clientes. Por exemplo, se o verificador procurado for "O cliente concorda que o status quo está insustentável", o gerente pode perguntar ao representante: "Como demonstramos ao cliente que sua abordagem atual o deixará exposto a riscos substanciais?" Se o verificador for "O cliente confirma que dispõe do dinheiro para comprar nossa solução", o gerente pode perguntar: "Como podemos ajudar o cliente a pensar criativamente sobre financiamento se o valor não estiver previsto no orçamento deste ano?" Os representantes de vendas, gerentes e executivos da ADP fazem uma imersão profunda nessa maneira de pensar durante um curso de vendas por insights com duração de três dias.

Uma empresa líder mundial de manufatura, que chamaremos de Alpha, adota uma abordagem muito diferente – raramente vista em uma equipe de vendas de campo de grande escala – para criar um novo clima de vendas. A Alpha montou "equipes de mercado" de três pessoas – cada uma com um executivo de contas, um especialista em soluções de projetos e um gerente de implementação de projetos – com a tarefa de conquistar entre 50 e 150 clientes em um território específico. Cada equipe serve como uma espécie de franquia da empresa, reportando-se diretamente ao gerente-geral da região. Consequentemente, cada equipe tem autoridade plena sobre os negócios e total responsabilidade pelos resultados para desenvolver contas da maneira que achar apropriada, desde que a abordagem não viole as políticas da companhia. Uma equipe pode cumprir ou não as etapas preestabelecidas de um processo de venda. Ela pode vender ou não certos produtos e soluções. Cabe aos membros da equipe decidir tudo coletivamente. A única exigência é fornecer uma taxa de crescimento lucrativo para o território. Como na ADP, os representantes são responsabilizados pelos resultados que obtêm, e não pelos meios que utilizam para chegar a eles.

A Alpha fornece a cada equipe um gerente de vendas que funciona não como um diretor, mas como um guia de mesmo nível, ajudando a identificar e a implementar abordagens inovadoras em negócios estagnados (uma reformulação da função de gerente que nunca vimos antes). Embora gerentes tenham os mesmos objetivos que as equipes de mercado que eles orientam, a empresa credita à equipe a responsabilidade por atingi-los. Além disso, cada equipe se reúne com um controlador financeiro a cada duas semanas para avaliar sua estratégia e revisar sua probabilidade de atingir crescimento.

Depois de utilizar as equipes por um ano, agora a companhia mais do que dobrou seu tamanho médio de negócios nessas regiões, enquanto reduziu os custos de desenvolvimento de negócios em quase 40%, e prevê um faturamento significativamente mais alto para o próximo ano. Para completar, representantes de vendas de todo o ramo de atividade agora estão buscando empregos na Alpha, atraídos pelo seu clima de vendas.

Mudando o que gerentes fazem

Nossas pesquisas com representantes revelaram que, apesar da pressão para criar um clima de vendas orientado por julgamentos, a maioria dos gerentes de vendas ainda busca *compliance*, ou orientação por processos, em vez de julgamento e criatividade (ver o gráfico "Clima de *compliance* ainda predomina"). Apesar disso, um subconjunto de gerentes – de companhias como Cargill, Oakwood Worldwide, Afton Chemical, Esri Australia e Centurion Medical Products, para citar algumas – destaca-se por sua capacidade de modificar o clima local com o intuito de estimular e dar apoio a uma nova abordagem de vendas. Em entrevistas com eles, descobrimos que três comportamentos os distinguem do resto.

Facilitação

Em vez de dizer às suas equipes o que fazer – ou, como é comum em vendas, simplesmente assumir os negócios –, nossos gerentes de vendas exemplares servem como conectores dentro e fora de suas equipes, estimulando o desenvolvimento de estratégias e de soluções de problemas de modo colaborativo. Eles vivem usando quadros brancos, trazendo membros da equipe para revisões de negócios e sessões de planejamento. Estimulam pensamento inovador e encorajam os membros de suas equipes a desafiar uns aos outros. Como resultado, seus funcionários diretos sabem muito mais sobre atividades em todos os territórios do que os representantes de outras equipes de vendas e compartilham ideias sobre como lidar com uma negociação especialmente arriscada ou para avaliar se vale a pena insistir em uma oportunidade ou não. Um alto gerente, por exemplo, fez questão de ter dois vendedores novos e dois experientes para ajudarem a lidar com cada desafio apresentado por um membro da equipe.

Descobrimos por meio da pesquisa extensiva da CEB sobre produtividade de funcionários – de todas as funções, não só de vendas – que um

Clima de *compliance* ainda predomina

Representantes de vendas precisam de algum espaço de manobra para lidar com clientes altamente informados e cautelosos. Mas em muitas organizações – inclusive naquelas que vêm tentando adotar uma nova abordagem de vendas – os representantes relatam que o clima de vendas é voltado para monitorar o cumprimento de processos prescritos em vez de estimular o exercício de julgamentos.

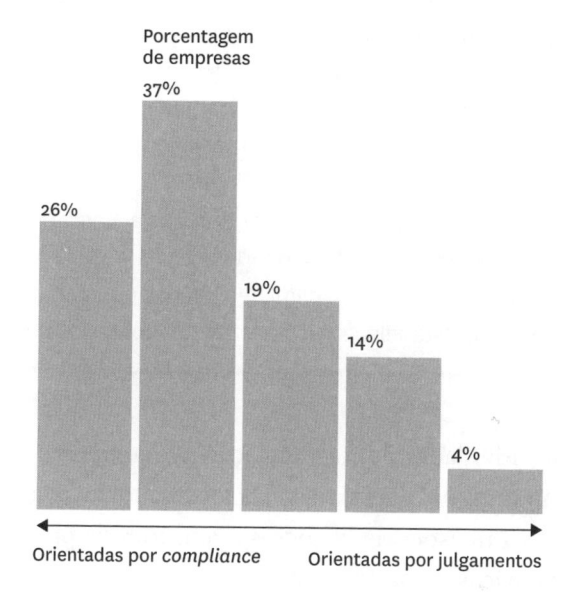

Porcentagem de empresas

26% — 37% — 19% — 14% — 4%

◄─────────────────────────────────►
Orientadas por *compliance*   Orientadas por julgamentos

dos principais motivadores é o desempenho de rede: em que medida os funcionários são eficientes quando usam sua rede de relacionamentos para melhorar tanto a própria produtividade quanto a de seus colegas. Os gerentes de vendas exemplares que estudamos são especialistas em aumentar o desempenho de rede dentro de suas equipes; eles estimulam seus funcionários a construir, alavancar e contribuir para suas redes.

Comunicação informal

Esses gerentes se comunicam regularmente para cima, para baixo e lateralmente. Fornecem um fluxo constante de informações. Como resultado, conhecem intimamente os territórios de seus representantes, muito além do que conferem em uma planilha ou escutam em uma revisão de pipeline.

Clima *versus* cultura

Alguns líderes de vendas que entrevistamos manifestaram reservas acerca da própria capacidade de mudar a cultura de suas organizações de modo a encorajar os representantes a exercitar julgamento e criatividade sem modificar a cultura geral da companhia – uma tarefa difícil.

Mas eles não estavam levando em conta a distinção importante, como descrita por nosso colega William Macey, entre "cultura" e "clima". A cultura é o conjunto de crenças e premissas profundamente arraigadas (às vezes não ditas) de líderes e funcionários de uma companhia, e é solidificada por partes interessadas externas, incluindo clientes. É difícil para um líder individual influenciar a cultura, pois ela é fruto da tradição e da história da empresa, as mesmas coisas que também a reforçam. Já o clima é mais flexível, como observam psicólogos industriais e organizacionais. É um produto não de crenças implícitas, mas de práticas e atividades organizacionais explícitas. Reflete a experiência dos funcionários no dia a dia em seu ambiente de trabalho. Líderes podem criar um novo clima em vendas por meio dos sinais que enviam, das prioridades que estabelecem e do ambiente operacional de suas equipes.

Com frequência, atividades de comunicação ocorrem fora de situações estruturadas, como reuniões agendadas. Da mesma forma, o coaching gerencial não é restrito a revisões de negócios e reuniões de pipeline, tampouco é baseado nas métricas de performance de um representante no quadro de desempenho mais recente. Na verdade, costuma ser transparente, e ocorre por meio de diálogo constante. Estes gerentes estão constantemente no modo de ensinamento, escutando suas equipes, fazendo perguntas e orientando. Como um gerente nos disse: "Não preciso forçar minha equipe a compilar anotações sobre visitas e fazer relatórios de negócios, pois estamos sempre conversando, mesmo quando minha equipe está trabalhando em campo. Mas eu não conseguiria gerenciar desta maneira se todos eles estivessem lá fora buscando negócios ruins. Para podermos ser tão informais, toda conversa tem que ser significativa e fazer o negócio progredir."

Foco de longo prazo

Em vez de recompensar os representantes por volume e velocidade de negócios no curto prazo, esses gerentes os estimulam a cultivar pipelines de negócios projetados para gerar um crescimento substancial a longo prazo. É necessária uma disciplina enorme para ignorar o canto de sereia do fechamento de trimestre, o que leva representantes a fechar negócios com descontos e a vender produtos simples em vez de soluções complexas. Para manter o foco no longo prazo, é preciso que os gerentes monitorem verificadores de clientes, façam suas previsões de vendas baseados neles e direcionem a criatividade e o pensamento crítico dos representantes para as oportunidades mais promissoras em vez de supervisionar processos e atividades em uma vasta gama de negócios em potencial.

Um novo tipo de talento

Um clima de vendas motivado por julgamentos tem como consequência a divisão da equipe de vendas, despertando o potencial latente em muitos vendedores e exigindo esforço daqueles que encontram conforto no mundo diretivo da máquina de vendas. À medida que líderes de vendas recrutam representantes, eles precisam repensar sua abordagem para assegurar que as novas contratações vão prosperar nesse clima.

Usando dados que a CEB reuniu a respeito de mais de 4 milhões de profissionais de negócios em todo o mundo, descobrimos que apenas 17% dos funcionários de vendas possuem um número alto de competências necessárias para ter sucesso na venda por insights. Além disso, a força de trabalho de vendas está fortemente ligada à inteligência emocional, e não ao QI – refletindo um forte viés de contratação na área de vendas. Mas, como hoje em dia as vendas exigem mais julgamento do que nunca, o fardo cognitivo sobre o vendedor é significativamente maior – inteligência emocional já não é o bastante. Além de usar ferramentas de seleção e de avaliação para identificar a pequena porcentagem de vendedores que possui uma capacidade natural para ter sucesso nesse novo clima, gerentes deveriam considerar contratar profissionais que não trabalham com vendas atualmente mas possuem excelente pensamento crítico e estão dispostos a vender.

Para atrair e reter essas contratações não tradicionais, os líderes devem reformular sua proposta de valor do emprego de duas maneiras: primeiro, eles devem enfatizar a importância da colaboração e do julgamento. Para que essas características floresçam é necessário um ambiente que

Como representantes usam o julgamento

Aqui estão algumas formas de usar o julgamento em cada passo do processo de vendas.

PASSOS NO PROCESSO				
Cultivar a oportunidade	Avaliar a receptividade do cliente a insights	Desafiar o pensamento do cliente	Obter consenso	Fechar negócio
Determinar se a oportunidade vale o investimento de tempo	Fazer suposições fundamentadas sobre o cliente e suas necessidades	Julgar quando é melhor envolver tomadores de decisões principais e outras partes interessadas	Personalizar respostas às mais variadas objeções e reações das partes interessadas	Avaliar a compreensão do grupo de compras sobre o que faz a solução ser diferente das demais alternativas
Conjecturar novas maneiras de envolver o cliente	Identificar fontes atípicas de informação sobre o cliente e suas suposições	Adaptar a abordagem para que o cliente dê uma resposta positiva	Determinar de forma criativa como reanimar negócios empacados	Saber quando manter sua posição ou ceder na negociação
Deduzir o escopo da oportunidade baseado em informações limitadas sobre o cliente	Exercitar a paciência para permitir que surja uma oportunidade	Avaliar se vale a pena insistir em fechar o negócio com base na reação do cliente	Estimular e armar partes interessadas principais para influenciar detratores	Identificar pontos de negociação além de termos e condições

apoie decisões individuais. Para tanto, como uma medida prática, líderes de vendas deveriam seguir o bom conselho de evitar ao máximo ofertas de emprego elaboradas da seguinte forma: "Procuram-se profissionais com experiência em vendas buscando ampliar o potencial de faturamento em uma organização de vendas de ritmo rápido e competitiva." Em vez disso, deveriam divulgar vagas desta forma: "Procuram-se pessoas de pensamento crítico que buscam exercer seu poder de julgamento e assumir uma responsabilidade significativa para o crescimento do negócio."

Segundo, eles devem mudar a ênfase de recompensas extrínsecas de curto prazo, tais como compensação variável aumentada, para motivadores intrínsecos de longo prazo, como autonomia e a oportunidade de gerar valor para os clientes. Há quem diga que os vendedores são motivados por dinheiro. Mas nossos dados (e o trabalho de outros pesquisadores, incluindo Daniel H. Pink em "A Radical Prescription for Sales" [Uma receita radical para vendas], *HBR* de julho-agosto de 2012) demonstram que, embora incentivos de curto prazo sejam úteis para motivar vendas simples e transacionais, a eficiência dessas estruturas de pagamento tradicionais diminui conforme as vendas se tornam mais complexas.

Nossa pesquisa mostrou que construir um clima dentro da equipe com os incentivos e recompensas corretos pode aumentar em 10% o empenho dos vendedores em fazer além das exigências básicas de seu trabalho e em 30% a intenção deles de permanecer na empresa.

A morte da máquina de vendas é parte de uma história muito maior, que atravessa funções e setores econômicos e fala da natureza mutável do trabalho. Conforme a base do crescimento econômico muda de trabalho transacional para trabalho de conhecimento, o gerenciamento acompanha a mudança alterando seu foco de construir processos de manufatura com zero taxa de erro para recrutar e envolver funcionários de alto desempenho para motivar a inovação.

Em vendas, essa mudança está ocorrendo bem diante dos nossos olhos. As organizações que continuam a abraçar o modelo da máquina de vendas estão assistindo a suas margens caírem conforme suas soluções são comoditizadas e seus melhores profissionais de vendas procuram outros ambientes para trabalhar. Como trabalhadores do conhecimento sabem, a chave para o sucesso, nos termos mais simples, é contratar os melhores funcionários, criar um ambiente empoderador, fornecer as ferramentas e a orientação necessárias e depois sair do caminho deles.

Publicado originalmente em novembro de 2013.

7
Vendendo por desempate

James C. Anderson, James A. Narus e Marc Wouters

CLIENTES EM MERCADOS B2B estão se tornando cada vez mais sofisticados ao comprar. Reconhecendo que a maioria dos produtos e serviços que eles compram não é estratégica para seus negócios, eles começam buscando apenas fornecedores que atendam suas especificações básicas a um preço competitivo. Então, depois que selecionaram os concorrentes, os clientes com muita frequência pedem aos finalistas que ofereçam "algo mais".

Muitos fornecedores entendem mal esse pedido. Eles respondem com a tática batida de enfatizar as características que suas ofertas possuem, mas as dos concorrentes não, e quando isso não funciona propõem concessões nos preços. Mas acontece que os clientes não estão procurando nenhuma dessas duas coisas.

Durante uma pesquisa conduzida ao longo de três anos, descobrimos que, quando gerentes de compras pedem algo mais, eles na verdade estão buscando o que chamamos de *justificador*: um elemento de uma oferta que faria uma *diferença notável* para a sua companhia. O valor de um justificador para o cliente é evidente por si só e oferece uma razão clara para que um fornecedor seja escolhido em detrimento de outros, efetivamente desempatando entre os concorrentes finais. Uma empresa de aluguel de carros, por exemplo, pode dar aos clientes a opção de cancelar sem penalidades certa quantidade de contratos antes do acordado. Uma companhia de materiais de construção pode oferecer designar a um cliente um gerente sênior de projetos com o qual ele tenha tido uma experiência bem-sucedida, de modo que o cliente se sinta seguro de que o trabalho não precisaria de auditoria e seria feito no tempo certo e com segurança. Um distribuidor de peças técnicas padrão pode colocar rótulos com os números de peças do próprio cliente nas embalagens, eliminando o transtorno e o custo de traduzir os números do distribuidor para o sistema de inventário do cliente.

O justificador, ou fator de desempate, ajuda o gerente de compras a demonstrar para a alta gerência que está fazendo uma contribuição para o negócio. Isso não é pouca coisa. Pessoas responsáveis por compras não estratégicas têm uma tarefa difícil, com frequência ingrata. Elas estão sob pressão para concluir transações da forma mais rápida e eficiente possível. Sempre que algo dá errado com o que compraram, são elas que levam a culpa. Mas sua diligência e sua compreensão do negócio costumam receber pouco reconhecimento.

Colocando de maneira simples: os fornecedores vendem a partir do momento que ajudam gerentes de compras a sair dessa rotina, dando a eles uma "vitória" visível. Eles obtêm uma parcela maior do negócio dos clientes – e, potencialmente, a capacidade de definir o preço de suas ofertas no limite máximo, ou próximo, da faixa aceitável de cada cliente.

Por que os fornecedores entendem mal os clientes

Compras estratégicas são aquelas que um negócio decidiu que contribuem de forma significativa para diferenciar *as próprias* ofertas. A maioria das compras não é estratégica. Contudo, compras não estratégicas podem ser importantes, considerando seu alto custo. Como as companhias precisam fazer muitas delas, o processo para negócios não estratégicos tende a ser relativamente simples e os critérios para avaliar cada decisão são superficiais: não consumir recursos demais e não haver reclamações ou problemas com o item selecionado.

Descobrimos que fornecedores não apreciam negociações que envolvem produtos e serviços não estratégicos. Portanto, quando tentam fechar uma venda, cometem dois erros comuns:

Ficam obcecados pelas características distintivas de suas ofertas mesmo quando os clientes não as querem ou não precisam delas.
A esperança é de que as características que vão além das especificações do produto ou serviço conquistem o cliente e façam com que ele pague um valor adicional por este. Mas tentar convencer um cliente cético de que tais "extras" vão agregar valor não é uma tarefa fácil, como ilustra uma história que ouvimos da diretora de gerenciamento de suprimentos de um hospital universitário dos Estados Unidos. Ela contou que o representante de um fornecedor que desenvolvera um revestimento antimicrobiano para suturas sempre lhe oferecia o produto com o preço mais alto, ainda que suturas comuns sejam suficientes para a maioria das aplicações cirúrgicas.

Oferecem concessões em preços que os clientes não querem.
Durante os pedidos iniciais de cotações para ofertas não estratégicas, gerentes de compras verificam fornecedores potenciais baseados em características básicas e preço. Enquanto os fornecedores atendem o primeiro pré-requisito e suas cotações de preços ficam dentro de uma faixa razoável – o comum é que sejam mais ou menos 3% a 5% do preço dos outros finalistas –, os compradores permitem que eles continuem na competição e depois perguntam o que mais os fornecedores podem oferecer. A reação de muitos fornecedores é reduzir o preço.

Mas esse movimento pode na verdade gerar mais trabalho para gerentes de compras. Eles com frequência precisam voltar para os outros finalistas e lhes oferecer uma oportunidade de reduzir os preços também, para que todos os preços voltem a ficar dentro de uma variação aceitável entre si. E, depois de aceitar de bom grado qualquer redução nos valores, o gerente de compras novamente faz o pedido por "algo mais", o que não é de surpreender. Se o único objetivo fosse obter o menor preço possível, por que

Em resumo

O problema

Em mercados B2B, fornecedores de produtos e serviços não estratégicos presumem que só têm duas opções para fechar vendas: enfatizar características que suas ofertas possuem, mas as dos concorrentes não, e ter preços competitivos.

A pesquisa

Um estudo feito com 46 companhias indicou que essa abordagem é ineficaz, pois os clientes com frequência não se importam muito com as características promovidas e não estão buscando concessões em preços. Depois de limitarem a concorrência a finalistas que atendem especificações básicas e estão dentro de uma faixa de preços aceitável, os clientes seguem querendo "algo mais".

A solução

Dedicar tempo a compreender o negócio e as prioridades do cliente de modo a identificar um justificador para o desempate – um adicional notável cujo valor seja evidente por si só e que melhore a posição dos gerentes de compras em suas organizações – vai ajudar o vendedor a fechar o negócio com mais eficácia.

o negócio precisaria do gerente de compras? Um pregão eletrônico poderia realizar esse trabalho.

Descobrimos que, mesmo quando os outros fornecedores finalistas não reduzem seus preços, gerentes de compras costumam se manter relutantes em escolher a oferta de valor mais baixo, temendo que seja boa demais para ser verdade. Um executivo do setor de construção nos disse que se preocupa que tais fornecedores estejam tentando comprar o negócio ou não compreendam plenamente suas estruturas de custos. De todo modo, há duas coisas que eles podem fazer se ganharem o negócio: tentar recuperar a concessão mais adiante cobrando penalidades rigorosas por quaisquer mudanças ou economizar e comprometer a qualidade.

Por que os fornecedores recaem nessas práticas ineficazes em vez de propor justificadores? Muitos concluem cegamente que, já que suas ofertas básicas são mais ou menos as mesmas dos concorrentes, não compensa investir recursos em promover essas vendas e é melhor se concentrar em gerenciar custos. Tal mentalidade leva fornecedores a pressionar seus representantes a aceitar qualquer negócio o mais rápido possível, fazendo-os passar menos tempo do que costumam com a maioria dos clientes. Como resultado, esses representantes às vezes ignoram pedidos diretos de clientes que podem facilmente levar a justificadores.

Às vezes o gerente de compras vai preferir fazer negócio com um dos finalistas e, em vez de compartilhar uma preocupação com todos eles, vai falar apenas com uma empresa específica. Se o vendedor dedicar tempo a escutar e desenvolver uma solução, o gerente de compras terá seu justificador e poderá então fechar a compra e seguir para outros negócios.

Essa era a situação da divisão de segurança alimentar de uma companhia líder em prevenção de pragas, a qual equipou seus técnicos com tablets que os ajudavam a seguir protocolos de serviços e gerar faturas. A companhia queria substituir os dispositivos, que estavam sendo alugados de diversos lugares diferentes. Uma questão complicada foi que, durante o período de transição, a divisão precisaria fazer pagamentos de aluguéis duplicados enquanto não terminasse de pagar todos os aluguéis antigos, o que afetaria negativamente seu balanço por três meses e, como resultado, os bônus dos gerentes de operações.

O gerente de compras estava inclinado a fechar negócio com a finalista que tinha um relacionamento especialmente bom com o provedor de equipamentos. Então ele perguntou ao representante de vendas: "O que podemos fazer para nos livrar dos pagamentos duplicados de aluguel?" O fornecedor ofereceu adiar por três meses o pagamento dos novos aluguéis, consolidando os 36 pagamentos mensais em 33. Embora a companhia na verdade fosse pagar o mesmo valor total pelos tablets, ela não teria que arcar com as duas contas ao mesmo tempo e os gerentes de operações receberiam seus bônus. O gerente de compras nos contou que, se essa companhia locadora não tivesse oferecido tal solução, ele teria analisado mais atentamente os outros finalistas.

Como descobrir justificadores

Estudamos 46 companhias localizadas nos Estados Unidos e na Europa que operavam em vários setores, incluindo bebidas, materiais de construção, manutenção de instalações, saúde, logística e transporte, geração de energia e serviços de fornecimento de pessoal. Para obter a perspectiva do cliente, entrevistamos os altos executivos, diretores de cadeias de suprimentos e gerentes de compras em 31 companhias; para obter a perspectiva do fornecedor, entrevistamos os altos gerentes, vendedores e executivos de marketing e de desenvolvimento de negócios de 15 companhias.

A partir dessa pesquisa, descobrimos que fornecedores excepcionais – ou vendedores que vencem no desempate – investem recursos em um processo para encontrar, verificar e desenvolver justificadores. Eles investigam três fontes potenciais de ideias para justificadores:

Como clientes realmente usam a oferta

Vendedores que vencem no desempate treinam sua equipe de vendas a explorar esse tópico com clientes e a envolvê-los em uma conversa sobre suas preocupações. Considere a Gerdau Long Steel North America, um fornecedor líder de vergalhões, as hastes de aço usadas para reforçar concreto. Vergalhões podem parecer o produto mais comoditizado possível – difícil de diferenciar e com possibilidade de venda apenas com base no preço. Mas a Gerdau descobriu que esse não é o caso.

Vergalhões são cortados em pedaços de 20 metros, agrupados em feixes de uma a cinco toneladas e amarrados em quatro ou cinco pontos diferentes. Se os vergalhões ficam retos quando os feixes são abertos, é mais fácil inseri-los em uma cortadora ou dobradeira, onde são cortados em comprimentos específicos e transformados em reforços de concreto. Mas com frequência os vergalhões chegam entrelaçados, então um trabalhador precisa sacudir cada um para deixá-lo reto, o que retarda o processo e aumenta os custos do cliente.

A Gerdau se deu conta desse problema em uma revisão trimestral de negócios com um de seus grandes clientes. Muitos clientes classificam seus fornecedores e compartilham essa classificação com eles nessas revisões. Na Gerdau, o vendedor e o gerente de vendas regional é que costumam conduzir essa reunião com o cliente, mas, dependendo da ordem do dia, a alta gerência ou especialistas em departamentos como metalurgia, logística e operações também podem participar.

Os vendedores da Gerdau foram ensinados a usar essas revisões para iniciar um diálogo: em quais tópicos o cliente mais gostaria que a Gerdau melhorasse sua classificação? O que exatamente querem dizer com tópicos específicos como "facilidade de fazer negócios"? Como a Gerdau poderia melhorar suas classificações?

O pessoal de vendas também se certifica de fazer uma pergunta aberta ao final de cada revisão: "Como podemos ser um fornecedor melhor para você?" Isso estimula os gerentes do cliente a responder de maneira expansiva e a levantar questões que, de outra forma, poderiam ter negligenciado. Foi essa pergunta, na verdade, que prontificou o grande cliente a mencionar o emaranhamento de vergalhões.

Essa preocupação foi transmitida aos altos executivos de vendas na reunião de vendas mensal da Gerdau, na qual são discutidas e implementadas soluções potenciais para problemas singulares. Ela então foi avaliada na reunião mensal de melhorias da Gerdau, na qual os altos executivos e especialistas em áreas distintas examinam questões mais complexas e investigam novas maneiras de fornecer valor aos clientes. A Gerdau logo descobriu a causa do emaranhamento: depois que uma haste era cortada na extensão, ela caía entre 60 e 120 centímetros, o que gerava energia mecânica nos vergalhões e os envergava. A companhia então modificou seu processo de produção para evitar que isso acontecesse.

As hastes que ficam retas reduzem em 25% o custo de fabricar e posicionar vergalhões, determinou a Gerdau. A vantagem competitiva é intuitiva para os clientes, mas, ao compartilhar essas estimativas de economia, a Gerdau capacita gerentes de compras a mostrar a seus altos executivos que estão ajudando a reduzir custos.

A Randstad, uma fornecedora de equipes temporárias e de outros serviços de recursos humanos, adota uma abordagem diferente para verificar como os clientes utilizam suas ofertas. Além de fazer seus gerentes de contas sondarem os departamentos de compras e de recursos humanos dos clientes, a Randstad envia seus gerentes de processos, que são especialistas em montagem de equipes e em tendências regionais e setoriais, para falar

Venda de valor *versus* venda por desempate

Com a venda de valor, fornecedores elaboram um argumento para provar que suas ofertas proporcionam mais valor aos clientes do que as oferecidas pelos concorrentes. Mas, quando as compras não são estratégicas, essa abordagem é ineficaz e os fornecedores precisam de "algo mais" cujo valor seja evidente por si só para conseguir fechar o negócio.

	Venda de valor	Venda por desempate
Oferta principal do fornecedor	**Altamente diferenciada** O produto ou serviço tem características únicas que os clientes apreciam	**Indiferenciada** Os clientes querem apenas as especificações básicas a um preço competitivo
Visão do cliente sobre a compra	**Estratégica** A compra se destaca por diferenciar as ofertas do fornecedor de modo significativo	**Não estratégica** A compra não é fundamental para diferenciar as ofertas do fornecedor
Disposição do cliente a avaliar a oferta de forma extensiva	Alta	Baixa
Vencedor do negócio	**Valor quantificado da oferta** A oferta agrega um valor bem maior do que as ofertas dos concorrentes, o que mais do que compensa seu preço mais alto	**Um "justificador"** O fornecedor oferece um adicional que o cliente acha valioso sem precisar analisar e que mostra a contribuição do gerente de compras para o negócio
Objetivo do fornecedor	**Um aumento significativo no preço** (> 5%)	**Um aumento sutil no preço** (3% a 5%)

com gerentes de operações nos locais dos clientes. Os gerentes de processos usam um questionário que começa com perguntas gerais, sobre flexibilidade e prazos de entrega que os clientes dos clientes esperam. Depois focam nas operações do próprio cliente e entram em detalhes buscando saber quais atividades exigem uma formação de equipe flexível e quais habilidades são necessárias para executar tais atividades. Isso ajuda os gerentes de processos a identificar um justificador provável para cada cliente, como assistência para determinar formas de compartilhar os funcionários entre departamentos diferentes.

Oportunidades para integrar ofertas com as de outras companhias

Os fornecedores deveriam verificar se seus produtos ou serviços têm alguma relação com outras compras que o cliente está fazendo e de que forma esses produtos ou serviços podem ser combinados para oferecer valor agregado. Essa foi a abordagem de um fornecedor de dispositivos de GPS para a companhia de prevenção de pragas mencionada anteriormente. A empresa de GPS com frequência se via envolvida em negócios que incluíam compras de fornecedores complementares e tomou a iniciativa de contatá-los.

Essa companhia conseguiu fechar negócio com a empresa de prevenção de pragas propondo que ela integrasse seus dados sobre o comportamento do motorista (por exemplo, se acelerava ou freava rápido demais e se ficava muito tempo em ponto morto) com os dados das companhias que mantinham a frota da empresa de prevenção de pragas e forneciam os cartões que os motoristas usavam para comprar combustível. Os relatórios resultantes possibilitaram à empresa de prevenção de pragas gerenciar melhor seus custos de manutenção de veículos e determinar quando usavam seus cartões para abastecer veículos não autorizados.

As prioridades de negócios dos clientes

Os principais objetivos anuais da alta gerência de um cliente podem ser uma ótima fonte de ideias para determinar um justificador. Ao visitar o site de um cliente ou examinar seu relatório anual, um fornecedor pode identificar iniciativas que visam melhorar a segurança em áreas específicas, reduzir o desperdício e coisas do gênero. Contudo, gerentes de compras nos contaram que vendedores raramente conduzem tal pesquisa rudimentar ou dedicam tempo a aprender sobre os objetivos de seus clientes.

Isso é uma negligência, porque um pouco de pesquisa pode render muito. Uma empresa de embalagens que vende para a Bayer CropScience – um fornecedor de sementes, de proteção de plantações e controle de pragas não agrícolas – fez duas perguntas ao final da revisão trimestral do desempenho do gerente de compras da Bayer: "O que é importante para você?" e "De que os seus clientes precisam?". O objetivo da primeira foi identificar os objetivos corporativos que mais importavam para o gerente de compras. O da segunda foi compreender os objetivos que a Bayer estava ajudando seus clientes a alcançar. A empresa de embalagens ficou sabendo que a Bayer tornara uma prioridade reduzir todos os custos relacionados a inventário e logística e que muitos de seus clientes estavam tentando ser mais sustentáveis. Portanto, quando o gerente de compras pediu "algo mais", o vendedor retornou com uma oferta de compartilhar suas capacidades de design e de engenharia para ajudar a Bayer a reformular suas embalagens – algo que a Bayer não conseguiria fazer por conta própria, por falta de conhecimento técnico na área.

A nova embalagem seria mais leve e exigiria menos embalagens secundárias, o que alinhou a Bayer com as iniciativas de sustentabilidade de seus clientes. A nova configuração também permitiu que a Bayer colocasse mais produtos em um palete. Assim, foi possível colocar mais produtos em cada caminhão e empilhá-los mais alto nos armazéns. Isso proporcionou uma vitória para o gerente de compras, que estava sendo avaliado pelas economias em logística que ajudou a gerar.

Criando novos negócios

Às vezes a busca por um justificador pode levar a uma nova fonte de receitas e de lucros. Um serviço oferecido pela TLC Van/Pickup Upfitters, baseada na Carolina do Norte, é um exemplo disso.

A companhia projeta e instala prateleiras, racks para equipamentos e outros itens funcionais em vans comerciais. A maioria de seus concorrentes considera o próprio trabalho realizado depois que concluem uma instalação. A TLC não. Depois de uma instalação, ela vai até os clientes para inspecionar as vans sem custos. Se o cliente desejar, a TLC então faz qualquer manutenção necessária – aperto de parafusos frouxos, conserto de prateleiras que estejam se soltando das paredes ou de gavetas que não estejam abrindo – por um preço razoável.

Isso pode fazer os clientes economizarem muito dinheiro: se não forem abordados cedo, um problema pequeno que a TLC consertaria por 30 dólares pode se tornar um reparo de mil dólares e tirar uma van de serviço. Além de economizar tempo e evitar dores de cabeça dos gerentes de frotas, a TLC lhes proporciona uma vitória: exemplos concretos das economias de custos que reparos no momento adequado propiciam, que os gerentes de frotas repassam para os altos executivos.

A TLC detectou esse justificador há alguns anos, quando ajudou um grande cliente a resolver um problema com racks para escadas. A empresa tomou conhecimento de que muitos técnicos que dirigiam as vans achavam que não era responsabilidade deles fazer o reparo dos equipamentos e com frequência não informavam os gerentes de frotas sobre questões emergentes de manutenção.

Fazer as inspeções permitiu à TLC se posicionar como um fornecedor preferencial e conquistar mais clientes. E o serviço de manutenção preventiva tornou-se parte integral das ofertas da companhia: três anos depois de seu lançamento, ele correspondia a 15% das receitas da TLC.

Identificando justificadores novos

Por sua natureza, justificadores bem-sucedidos têm um período de vida limitado. As prioridades e preocupações dos clientes mudam e concorrentes se informam e copiam seus movimentos. Isso significa que um fornecedor precisa estar em constante busca por novos justificadores.

Os fornecedores exemplares que estudamos executam tal tarefa por meio de um processo estruturado. Veja a UPS. Compreendendo a necessidade de constante busca por justificadores para segmentos específicos, a empresa de logística e serviços de transporte reorganizou seus esforços de marketing e de vendas em torno de segmentos-alvo de seu setor, como saúde, varejo e serviços profissionais, assim como em regiões dos Estados Unidos com forte potencial de crescimento. Cada segmento e região têm os próprios gerentes de vendas e de marketing que residem na mesma área.

No passado, ideias para novos serviços e justificadores vinham principalmente da unidade de desenvolvimento de novos produtos em Atlanta e, com frequência, levavam muito tempo para ser implementadas. Hoje a UPS estimula seus gerentes de segmento e de marketing e vendas regionais a propor ideias em reuniões periódicas. Além de uma reunião anual em Atlanta, da qual todos participam, a UPS realiza duas teleconferências mensais, uma em nível regional e outra em nível nacional. As duas teleconferências têm muito brainstorming estruturado. As conferências começam com discussões sobre negócios recentes que a UPS ganhou ou perdeu. Os participantes então apresentam novos desafios enfrentados pelos clientes que tenham a ver com o negócio e exploram lacunas entre as ofertas atuais da UPS e as exigências emergentes de clientes, assim como qualquer esforço da concorrência para preencher tais lacunas. As reuniões são concluídas com a proposta de novos serviços e justificadores que possam preencher as lacunas de forma efetiva e lucrativa.

Um novo justificador que emergiu das reuniões foram os Customized Express Envelopes (Envelopes expressos customizados). Durante uma teleconferência regional, um gerente de marketing observou que, embora a construção da marca seja uma exigência fundamental de serviços profissionais, poucas empresas pequenas e médias possuem recursos suficientes para empreendê-la. Ele então fez uma observação reveladora: aquelas empresas usavam muitos envelopes expressos para encomendas que deveriam ser entregues de um dia para outro e quase todos ficavam em branco. Ele propôs que a UPS imprimisse o logotipo ou anúncio do cliente neles. Durante aquela conferência e na conferência nacional subsequente, os participantes discutiram em detalhe a ideia e examinaram seus custos. Vários representantes de contas então sugeriram essa ideia informalmente aos clientes e descobriram que havia interesse. Depois que um teste-piloto gerou um aumento razoável em vendas e lucros, a UPS lançou os Customized Express Envelopes. Os gerentes da UPS relatam que os envelopes possibilitaram novos negócios significativos no segmento de empresas pequenas e médias.

A maioria dos fornecedores de produtos e serviços não estratégicos pensa que tem poucas opções além de vender com base no preço ou empurrando características distintivas que na verdade não importam para os clientes. Na vasta maioria dos casos, esses fornecedores estão desperdiçando tempo e recursos. A abordagem do justificador é uma alternativa atraente.

Mas, como qualquer mudança grande, essa não ocorrerá com facilidade. Ela exige investimentos em novas estruturas e novos processos e com frequência vai significar que fornecedores precisarão mudar a mentalidade estabelecida em seus executivos e vendedores. Mas o sucesso com a abordagem que descobrimos demonstra que com determinação suficiente até o fornecedor de um produto ou serviço não estratégico pode convencer os gerentes de compras e a liderança de seus clientes de que tem algo especial a oferecer.

Publicado originalmente em março de 2014.

8

Fazendo a venda de consenso

Karl Schmidt, Brent Adamson e Anna Bird

HÁ MUITO TEMPO REPRESENTANTES DE VENDAS vêm sendo ensinados a procurar o executivo que pode aprovar sozinho um negócio em uma companhia. Mas, estejam eles vendendo para um cliente com cinquenta ou cinquenta mil funcionários, representantes hoje em dia raramente encontram um tomador de decisões unilateral. É mais frequente que eles descubram que a autoridade para tomar decisões está em grupos de indivíduos – todos eles executando papéis diferentes e com poder de veto. Chegar a um consenso e fechar negócios tornou-se um processo cada vez mais doloroso e arrastado tanto para clientes quanto para fornecedores.

Para compreender o impacto que grupos de compras exercem em vendas, a CEB conduziu recentemente quatro pesquisas com mais de 5 mil partes interessadas envolvidas em compras B2B. Descobrimos que, atualmente, em média 5,4 pessoas precisam autorizar formalmente cada compra. Para complicar ainda mais a questão, a variedade de cargos, funções e localidades que esses indivíduos representam é muito mais ampla do que costumava ser. Em outros tempos, um fornecedor de TI poderia vender diretamente para um diretor de TI e sua equipe; já hoje a mesma empresa pode precisar também da adesão dos diretores de marketing, de operações e financeiro, de aconselhamento legal, de executivos de compras, entre outros. As pessoas nos grupos de compras possuem prioridades cada vez mais diversas e para conquistá-las os fornecedores precisam conciliar essas diferenças. As consequências são tempos de ciclo mais longos, negócios menores, margens menores e, no pior e cada vez mais comum dos casos, um impasse que faz o negócio afundar. (Veja o esquema "O tamanho do grupo importa" na página 140.)

Fornecedores inovadores, contudo, estão descobrindo maneiras efetivas de chegar a um consenso nesses grupos de compras. Este artigo ilustra como essas empresas preparam grupos com uma linguagem comum e perspectivas compartilhadas, motivam defensores internos a favorecer as soluções da empresa e equipam esses defensores para ajudar grupos a chegar a um consenso. Como vamos ver, para realizar tudo isso são necessários um novo nível de colaboração entre vendas e marketing e algumas abordagens novas.

Compreendendo o consenso do cliente

As pesquisas da CEB incluíram uma vasta gama de setores, localidades, modelos *go-to-market* (planos para lançar um produto ou serviço da forma mais precisa e eficiente possível) e um leque ainda maior de questões associadas a grupos de compras – tudo, desde demografias de grupos de compras a dinâmicas de processos de compras e comportamento individual. Três conclusões cruciais emergiram das respostas:

1. Customização pode dar errado

A sabedoria convencional diz que quanto mais customizada uma mensagem for, mais ela vai motivar uma venda. E, de fato, as pesquisas da CEB descobriram que partes interessadas individuais dos clientes que percebiam que o conteúdo do fornecedor era customizado para suas necessidades específicas ficavam 40% mais inclinados a comprar daquele fornecedor do que as partes interessadas que não tinham essa percepção. Profissionais de marketing compreendem esse dado: em outra pesquisa, 95% de quase duzentos diretores de marketing de B2B identificaram "melhor customização de conteúdo" como a principal prioridade. Mas

Em resumo

O problema
Cada vez mais, decisões sobre compras de companhias grandes são feitas não por executivos individuais, mas por um grupo de executivos. Como em geral os membros do grupo têm prioridades diferentes, fazê-los chegar a um acordo impõe um grande desafio aos fornecedores.

A solução
Vendedores precisam aprender a conseguir consenso. Eles podem fazer isso ajudando membros do grupo de compras a descobrir uma linguagem e objetivos compartilhados; motivando membros individuais do grupo a se tornarem defensores das soluções de suas empresas; e equipando esses defensores com material para informar e persuadir.

Os benefícios
Para obter consenso são necessárias capacidades dentro dos departamentos tanto de vendas quanto de marketing. Companhias que estimulam os dois setores a colaborar em estratégias focadas no consenso estão vendo melhorias decisivas no desempenho de vendas.

a customização possui um lado complicado. Quando indivíduos em um grupo de compras recebem mensagens diferentes, cada uma enfatizando que uma oferta atende suas necessidades específicas, isso pode enfatizar objetivos e prioridades diferentes no grupo, criando uma divisão entre os membros e dificultando o consenso.

A consequência para fornecedores é clara: a melhor maneira de conseguir consenso entre os clientes não é fazer um trabalho melhor em conectar partes interessadas individuais do cliente com o fornecedor, mas sim conectar as partes interessadas dos clientes umas com as outras.

2. Conseguir consenso é mais difícil no começo do processo de compra
Para ajudar grupos na tomada de decisões, é fundamental compreender em que parte do processo de compra eles se deparam com problemas.

Nossa pesquisa dividiu o processo típico em três fases: definição de problemas, identificação de soluções e seleção do fornecedor. Depois pedimos a partes interessadas dos clientes que avaliassem tanto as decisões em grupo quanto as individuais e definissem quais fases delas eram mais difíceis.

Dois resultados se destacaram: compradores B2B consideraram a tomada de decisões em grupo duas vezes mais difícil do que decisões tomadas de forma individual. Mais importante, a fase que pareceu apresentar maior dificuldade foi a de identificação de soluções – concordar quanto ao melhor curso de ação independentemente do fornecedor. A maioria dos

O tamanho do grupo importa

A probabilidade de conclusão de uma compra cai acentuadamente conforme o número de tomadores de decisões aumenta.

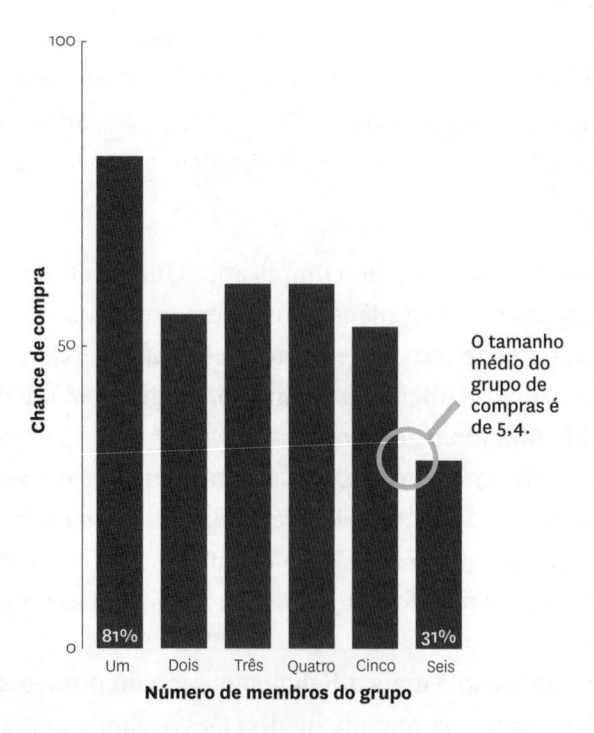

[Gráfico de barras: Chance de compra (0-100) vs. Número de membros do grupo. Um: 81%; Dois, Três, Quatro, Cinco: valores intermediários; Seis: 31%. O tamanho médio do grupo de compras é de 5,4.]

Fonte: CEB/Motista: pesquisa de marcas B2B de 2013.

fornecedores está focando no estágio errado do processo de compra, esforçando-se para convencer os consumidores a fechar negócio em vez de ajudá-los a definir uma solução.

Nossos dados mostram que os clientes estão, em média, em 37% do percurso de um processo de compra quando chegam ao estágio de identificação de soluções, e em 57% antes de acionarem um representante de vendas. Portanto, com muita frequência o consenso do cliente já desmoronou antes que os representantes entrassem em cena. Se os fornecedores não se prepararem para superar o obstáculo dessas desconexões entre partes interessadas antes mesmo de se envolverem nas vendas, eles provavelmente vão perder muitos negócios – sem sequer saber disso.

Conseguir o consenso do cliente apresenta não apenas um problema para vendas, mas também uma oportunidade para o marketing. Departamentos de marketing estão bem armados para conseguir o consenso por dois motivos: possuem ferramentas que podem alcançar os clientes com mais eficiência do que o departamento de vendas; e podem combinar o conhecimento que têm sobre o comportamento de compra de certos clientes com a própria pesquisa de mercado para identificar padrões de comportamento de clientes e insights amplos relativos a clientes que podem se reverter em abordagens de marketing e materiais escaláveis.

3. Disposição para comprar e disposição para defender não são a mesma coisa

Como um fornecedor tem acesso limitado a membros do grupo de compras durante o estágio inicial do processo de compra, ele precisa da ajuda ativa de um defensor dentro da organização do cliente. Chamamos essas pessoas de "mobilizadores". Há mobilizadores de vários tipos, mas os melhores estão motivados a melhorar a própria empresa; são apaixonados por compartilhar seus insights; fazem perguntas inteligentes e de sondagem; e possuem influência organizacional para unir tomadores de decisões.

Mas, para usar mobilizadores de forma eficiente, os fornecedores devem enfrentar dois desafios: a vontade dos indivíduos de defender a proposta de um fornecedor e a capacidade deles de fazer isso. Uma pesquisa da CEB com quase seiscentos compradores B2B descobriu que metade das pessoas que relatavam vontade de comprar um produto ou serviço não estava disposta a defendê-lo publicamente. Isso representa um obstáculo enorme para fornecedores em busca de mobilizadores capazes de obter consenso.

A pesquisa mostra que potenciais mobilizadores são inibidos pelos riscos inerentes a lutar por mudança e promover consenso. Até metade deles teme perder respeito ou credibilidade em sua organização caso insistam em uma compra impopular, não consigam apoio ou que a compra em questão acabe se provando imprudente. Doze por cento relatam, inclusive, que tal defesa poderia ameaçar seu emprego. (Quando dizem "Ninguém jamais foi demitido por comprar da IBM", é disso que estão falando: defensores em potencial não querem ser a pessoa que se esforçou pelo fornecedor "errado".) O medo dessas consequências cresce drasticamente conforme o tamanho de uma equipe de compras aumenta.

No fim das contas, a decisão de defender mudanças publicamente é motivada muito mais pelo valor individual atribuído ao mobilizador do que pelo valor atribuído à empresa daquele indivíduo. Ao estudar o que inspira os mobilizadores, descobrimos que saber que uma solução pode ajudar alguém a avançar na carreira ou a ser visto como um líder melhor é cinco vezes mais convincente do que o fator "valor do negócio" da oferta – coisas como características superiores de produtos, o impacto provável no resultado dos negócios ou retorno sobre investimento.

Passar pelo obstáculo das percepções de risco pessoal de um mobilizador exige um atrativo pessoal, e não apenas organizacional. Esse é um ponto altamente revelador, porque as ferramentas mais comuns nos kits dos fornecedores – por exemplo, calculadoras de retorno sobre investimento, avaliações de valor do tempo de vida e *scorecards* do custo total de propriedade – levam em conta riscos e recompensas organizacionais, mas dizem muito pouco a respeito de riscos e recompensas individuais. Repetindo: fornecedores estão enfatizando as informações erradas em seus investimentos em vendas e marketing.

Mas, mesmo quando alguém vê o valor pessoal a ser obtido e está motivado a se tornar um mobilizador, ele vai precisar de apoio. O marketing tem um papel crucial a desempenhar, tanto encorajando mobilizadores quanto equipando essas pessoas para obter consenso.

Obtendo consenso no cliente

Em uma pesquisa com centenas de organizações e milhares de executivos de vendas e de marketing, identificamos três estratégias cruciais quando o objetivo é tentar obter consenso. A seguir descreveremos cada uma em detalhes, ilustrando-as com exemplos selecionados de abordagens que se provaram eficazes nas companhias que pertencem à CEB Marketing.

1. Preparar grupos de compras de clientes para o acordo criando uma linguagem comum e perspectivas compartilhadas em torno de um problema e uma solução

O ponto de partida em qualquer programa para se conseguir consenso é identificar o que há em comum entre as partes interessadas. Se estiver vendendo soluções de marketing e gerenciamento para empresas, você estará lidando no mínimo com os diretores de marketing, de TI e financeiro e com aquisições, todos com interesses em comum, porém diferentes e, às vezes, conflitantes. Ajudar essas partes interessadas a ver seus interesses compartilhados abrirá caminho para o consenso e tornará mais fácil – e menos arriscado – para os mobilizadores advogar a seu favor.

Duas abordagens podem incentivar tomadores de decisões a se concentrarem no que os une em vez de naquilo que os separa:

Mapeamento de linguagem. Como muitas companhias, a Cisco, provedora de redes e de soluções de segurança, analisa mídias sociais e publicações on-line para monitorar termos e temas que são tendências em seu espaço. Avaliando as frases em torno de temas de interesse, a Cisco captura o contexto de conversas on-line e consegue identificar as prioridades de várias partes interessadas, assim como tópicos que podem ser atraentes para elas. Por exemplo, em discussões sobre dispositivos inteligentes, a empresa descobriu que diretores tanto de marketing quanto de informações focavam em "conectividade", embora os primeiros se referissem bastante a "desenvolvimento de produto" e "inovação", enquanto os últimos falassem mais sobre "upgrades de sistemas" e "arquitetura de rede".

A área de interseção – "conectividade" – deu ao pessoal de marketing da Cisco o material bruto para desenvolver mensagens. Eles elaboraram uma série de mensagens experimentais (tais como "A conectividade não é tão alta quanto você pensa" e "Apenas 1% dos dispositivos está conectado até agora") e jogaram nas mídias sociais e depois rastrearam a adoção da linguagem em conversas on-line entre os dois grupos de partes interessadas.

Então a equipe de marketing integrou conceitos já cristalizados e testou mensagens em materiais adicionais, tais como tuítes, blogs e livros brancos, ou *whitepapers*, para ajudar a criar uma linguagem comum e perspectivas compartilhadas entre as partes interessadas. Os representantes de vendas da Cisco relatam que essa abordagem aumentou o interesse em conectividade – o que os produtos da Cisco possibilitam – entre os diretores de marketing e de informações, aumentando o alinhamento entre duas partes com frequência desconectadas.

Aprendizado compartilhado. Em alguns casos, as partes interessadas acreditam que não possuem nenhum interesse em comum e que seus interesses não podem ser atendidos ao mesmo tempo. Uma gerente de produção, por exemplo, pode achar que seus objetivos para eficiência são totalmente diferentes daqueles de um executivo de segurança – embora, na verdade, não sejam. Em casos como esse, experiências de aprendizado compartilhado podem expor prioridades em comum.

A Kimberly-Clark Professional (KCP) vende produtos de saúde e de segurança para empresas de todo o mundo. Para fazer vendas empresariais, tais como oferecer soluções de manutenção de estruturas de aviões, a KCP pode precisar alinhar os interesses aparentemente diversos de gerentes de produção, executivos de segurança, gerentes de sustentabilidade, gerentes de compras e outros que precisem concordar com uma compra. Uma das formas que a KCP encontrou de fazer isso foi por meio de avaliações de instalações, ou pesquisas de locais, que oferecem aprendizado compartilhado. O departamento de marketing promove as pesquisas em seu site e envia convites a clientes potenciais explicando os benefícios dos "tours de aprendizado" em que especialistas da KCP visitam instalações, oferecem conselhos para melhorias e respondem a perguntas. Nos materiais de acompanhamento costuma haver a promessa de orientação sobre como controlar custos, aumentar a produtividade, reduzir a exposição de funcionários a materiais perigosos e aumentar o desempenho ambiental

– destacando as necessidades compartilhadas das partes interessadas. Depois do tour, a KCP fornece um relatório com um resumo de suas descobertas e recomendações.

A Greif, uma fabricante mundial de embalagens industriais, usa outra abordagem para o aprendizado compartilhado. As empresas de seu setor geralmente lutam contra a comoditização, já que a maioria das decisões de compra é baseada somente no preço. Percebendo que conectar ofertas com os objetivos de sustentabilidade dos clientes poderia elevar as decisões em relação às embalagens a um nível mais estratégico, a Greif desenvolveu uma ferramenta de diagnóstico que clientes potenciais podem usar para avaliar os benefícios ambientais de várias mudanças operacionais, incluindo passar a usar contêineres leves para transportes. Para utilizar o recurso (chamada Ferramenta Verde) é necessária a participação de múltiplas partes interessadas e, como os tours de aprendizado da KCP, essa ferramenta ajuda tomadores de decisões com objetivos diferentes a descobrir suas áreas de alinhamento. Um chefe de sustentabilidade, por exemplo, ao compreender que uma troca de embalagens reduziria as emissões de CO_2 de sua companhia, poderia procurar gerentes de compras e de fábricas para conseguir os dados que a ferramenta exige – tais como peso e volume dos contêineres, distâncias de transporte e índice de reutilização (uma medida da vida útil de um contêiner reutilizável) – e calcular o impacto de emissões de vários contêineres ao longo de seus ciclos de vida. A Ferramenta Verde revela benefícios de custo e de sustentabilidade que geram identificação com cada parte interessada – não apenas com o chefe de sustentabilidade –, guiando o grupo na direção de uma decisão de compra em comum. Nos três anos que se seguiram à introdução da ferramenta, houve um aumento significativo da venda de produtos e serviços sustentáveis da Greif. Por exemplo, as vendas de tonéis de plástico leves cresceram cerca de 15% de 2011 para 2013.

2. Motivando mobilizadores

Como já foi discutido, seus mobilizadores em potencial podem temer prejudicar a própria credibilidade e a segurança no emprego por defender uma solução específica. Eles precisam acreditar que as recompensas por defender seu produto ou sua solução vão superar o risco e o esforço

Convertendo ferramentas de vendas em ferramentas para mobilizadores

Fornecedores com frequência possuem materiais de vendas que poderiam ser adaptados para ajudar defensores internos, ou "mobilizadores", a obter consenso em relação a compras na empresa dos clientes. Para adaptar esses materiais, o pessoal de marketing deve levar em conta estes três princípios:

1. O fornecedor de conteúdo deve ser neutro. Mobilizadores vão rejeitar qualquer coisa que os faça parecer anunciantes. Para ter credibilidade, nenhuma informação, tanto sobre o problema quanto sobre a solução, deve promover alguma oferta do fornecedor, embora seja aceitável esclarecer elementos do problema ou a solução que sua companhia é a única capaz de implementar.
2. Minimize os esforços dos mobilizadores. Mobilizadores só vão atuar se sentirem que o valor pessoal de promover um produto ou serviço supera o esforço de fazer isso. Assegure-se de que as recomendações incluídas nos materiais sejam claras e simples de executar. Remova linguagem técnica, otimize processos e deixe explícito quanto tempo e quanta informação serão necessários para customizar materiais para as organizações dos mobilizadores.
3. Aborde lacunas de conhecimento ou de habilidades. Mobilizadores não possuem o benefício da experiência dos seus representantes de vendas. Dê ênfase a qualquer material que documente a expertise dos seus representantes, tais como conhecimento do processo de compra, perspectivas interfuncionais ou táticas de persuasão. Onde for necessário, crie novas ferramentas estabelecendo uma parceria com o departamento de vendas para compreender obstáculos em comum e maneiras fáceis de contorná-los.

---

despendidos. Existem dois recursos importantes que o pessoal de marketing pode usar para que a balança risco/recompensa penda para o lado certo.

Reduza o risco perceptível pelo indivíduo. Mobilizadores potenciais com frequência hesitam em recomendar uma compra, pois não têm certeza se outros na organização vão apoiar sua posição. O resultado de uma das nossas pesquisas – feita com 3 mil funcionários de várias empresas diferentes – reforçou esse ponto: a disposição para defender um produto ou serviço mais do que dobrava conforme aumentava o apoio organizacional a sua compra. O desafio para fornecedores, portanto, é trazer esse apoio à tona. Os eventos de aprendizagem compartilhada descritos anteriormente podem ajudar, mas abordagens mais focadas que visam a defensores individuais e os estimulam a se manifestar são fundamentais para fazer o grupo do cliente participar de tais eventos ou querer utilizar ferramentas de diagnóstico em primeiro lugar.

A Holcim, fornecedora mundial de cimento e produtos e serviços relacionados à indústria da construção, usa uma tática simples e efetiva para fazer isso. Como um componente de suas operações de vendas, essa empresa regularmente entrevista pessoas em suas organizações clientes para coletar Pontuação de Promotores de Rede, ou PPR, que avalia a probabilidade das pessoas de recomendar um produto ou uma companhia. Se um gerente de contas encontra em um cliente existente um defensor potencial de uma nova oferta, um representante da Holcim pode apresentar a essa pessoa dados PPR de outros setores que demonstram um apoio amplo às ofertas da Holcim. Representantes reportam que defensores com frequência não conhecem os aliados dentro de sua organização até verem a PPR e perceberem que esses dados dão aos aliados a confiança para promover uma compra.

Aumente recompensas percebidas. Há muito tempo, estabelecer conexão com as emoções dos clientes tem sido um elemento essencial para o marketing de consumo. Isso é menos comum no mundo do B2B, no qual vendas e marketing costumam focar em transmitir o valor de negócios de produtos e serviços. Mas combinar valor percebido com um laço emocional pode fazer toda a diferença na hora de motivar um mobilizador.

A W. W. Grainger, um fornecedor mundial de soluções de manutenção, reparos e operações (MRO), tradicionalmente vendia para gerentes de instalações que tinham grande espaço de manobra para escolher fornecedores de MRO. Mas, com a pressão crescente para diminuir custos, esses gestores passaram a precisar cada vez mais defender suas escolhas. A Grainger descobriu que muitos não estavam motivados a defendê-la, apesar de suas ofertas diferenciadas, pois outros fornecedores com frequência eram percebidos como "bons o bastante".

Por meio de sua pesquisa de mercado, a Grainger descobriu que gerentes de instalações se consideram solucionadores de problemas nos bastidores e que enfrentam obstáculos diários para manter suas fábricas funcionando com segurança e eficiência. Dessa descoberta veio uma famosa campanha projetada para demonstrar uma ligação direta entre as capacidades únicas da Grainger e o desejo dos gerentes de fazer as fábricas funcionarem em sua capacidade máxima. A campanha refletia a realidade dura do trabalho e transmitia a informação de que a Grainger compreendia os desafios que gerentes de instalações enfrentam e seu medo de dar passos errados que poderiam ter como consequência tempo de inatividade.

O resultado da campanha? Representantes relatam que esses gerentes sentem que a Grainger "os entende" melhor do que os concorrentes e se mostram mais motivados a defender os produtos da empresa. A campanha apresentou um desempenho drasticamente superior às expectativas, entregando 175% do retorno esperado.

3. Equipando mobilizadores para que sejam eficientes

Os mobilizadores não costumam ser vendedores. Eles geralmente não têm experiência com processos de mudança, podem carecer de uma perspectiva interfuncional e não são habilidosos em persuasão. Fornecedores podem ajudá-los em todas essas áreas. Na verdade, 80% dos mobilizadores que entrevistamos nos disseram que queriam apoio de seus fornecedores para comunicar o valor das soluções que defendiam.

Até algum tempo atrás, prover esse suporte teria sido uma tarefa sobretudo do setor de vendas. Porém os desafios de se chegar a um consenso com frequência surgem antes que o departamento de vendas tenha entrado em cena, por isso essa tarefa tem recaído cada vez mais sobre o pessoal de marketing. Descobrimos que departamentos de marketing progressistas estão convertendo habilmente materiais para capacitação de vendas com o objetivo de apoiar mobilizadores, disponibilizando esses materiais logo no começo do processo de tentativa de obter consenso e os distribuindo por meio de e-mails cultivadores de *leads* e blogs, entre outros.

Considere uma abordagem usada pela Marketo, uma fornecedora de software de automação de marketing. A Marketo criou um kit de ferramentas para mobilizadores de cem páginas, "O guia definitivo para automação de marketing", que ela envia para *leads* e disponibiliza em seu site. O material fala sobre tudo, desde o que é automação de marketing até o futuro da tecnologia. Mas seus capítulos mais importantes focam nos mobilizadores específicos necessários para estabelecer seu argumento de negócios internamente. Fornecem orientação detalhada sobre como comunicar o valor da automação de marketing para diversas partes interessadas, incluindo os diretores executivo, de marketing, financeiro, de informações e o chefe de vendas, conduzindo os leitores pelas principais preocupações de cada executivo e pelas formas de abordá-las. Também apresentam dicas sobre a arte da persuasão, incluindo a necessidade de compreender os objetivos da gerência e de criar um argumento financeiro, e a importância de "discutir, não apresentar". Os argumentos apresentados têm estudos de caso como base. Finalmente, o kit conduz os mobilizadores pelo processo de compra por meio de um manual sobre alinhamento de partes interessadas internas e seleção de vendedores. Embora o kit carregue a marca Marketo, ele é notoriamente agnóstico em relação a fornecedores, dedicando somente uma página, no fim, à solução da Marketo.

A CEB apresentou o caso da Marketo para centenas de executivos de marketing em dezenas de sessões. Em cada uma delas, pelo menos um diretor de marketing revelou já ter usado o kit de ferramentas da Marketo ao comprar software de automação de marketing. Pam Boiros, vice-presidente de marketing corporativo da Skillsoft, achou o conceito tão persuasivo que decidiu criar uma ferramenta parecida para sua empresa. Segundo Boiros: "Muitos membros das nossas equipes de vendas estão usando esse guia – totalmente ou em parte – para definir expectativas com clientes, buscar orientação sobre decisões de compra e influenciar pedidos de proposta."

A maior mudança em vendas e marketing hoje em dia é a forma de comprar dos clientes. A nova necessidade de obter consenso está virando de ponta-cabeça décadas de sabedoria de vendas convencional – substituindo a necessidade de o departamento de vendas se concentrar primeiro em conectar o cliente com o fornecedor pela necessidade de conectar tomadores de decisões entre si dentro de uma organização. A outra grande necessidade, mais implícita do que explícita neste artigo, é que o relacionamento entre vendas e marketing finalmente mude. Há muito tempo as empresas vêm apoiando falsamente a necessidade de vendas e marketing jogarem bem juntos. Mas, considerando a pressão atual para motivar consenso, é seguro afirmar que os fornecedores que não alinharem vendas e marketing como uma única equipe com um objetivo comum serão derrotados por aqueles que fazem isso.

Publicado originalmente em março de 2015.

9
O jeito certo de usar compensações

Mark Roberge

FUI O QUARTO FUNCIONÁRIO CONTRATADO pela HubSpot. Eu tinha conhecido os dois cofundadores quando estávamos fazendo pós-graduação na Sloan School of Management, do MIT. Eles são caras inteligentes com uma grande missão: ajudar companhias a transformar seu marketing usando conteúdo on-line para atrair clientes potenciais para seus sites – uma prática conhecida como marketing de atração (*inbound marketing*).

Meu trabalho era montar a equipe de vendas. Engenheiro de formação, eu nunca tinha trabalhado com vendas – comecei minha carreira escrevendo códigos de programação. Mas meu histórico provou ser mais vantajoso do que eu esperava. Ele me levou a desafiar muitas noções convencionais de gerenciamento de vendas usando a lente motivada por métricas e voltada para processos através da qual eu fora treinado a ver o mundo. Por exemplo, em vez de contratar por instinto, eu rastreava meticulosamente dados sobre vendas, identificava previsores de sucesso e buscava pessoas cujas características e habilidades lembrassem bastante as dos nossos melhores vendedores. Em vez de treinar novos recrutas fazendo-os acompanhar uma visita de venda de um vendedor de sucesso, criei um programa de treinamento regulamentar que os fazia ter experiência em primeira mão com nossa tecnologia e depois lhes ensinava a trabalhar com *leads* de forma sistemática.

Essa abordagem funcionou bem: sete anos depois de sua fundação, a HubSpot superou a marca de 100 milhões de dólares de faturamento e tinha obtido mais de 10 mil clientes em mais de sessenta países. Na segunda metade de 2014, nossa empresa tornou-se de capital aberto a partir de uma oferta de 125 milhões de dólares.

Quando olho em retrospecto para as diversas estratégias que usei para que nossa equipe de vendas chegasse a ter várias centenas de pessoas, percebo que uma das maiores lições que aprendi envolve o poder de um plano de compensações para motivar vendedores não apenas a vender mais, mas também a agir de maneiras que apoiem o modelo de negócios em evolução de uma startup e sua estratégia geral.

Seja você um diretor executivo ou um vice-presidente de vendas, o plano de compensação de vendas é provavelmente a ferramenta mais poderosa que pode ter. A maioria das mudanças drásticas que a HubSpot fez enquanto negócio foi executada por meio de alterações no plano de compensação de vendas. Neste artigo examinarei como fizemos isso e os princípios gerais que você precisa ter em mente ao projetar o plano da sua empresa.

Sabendo do que você precisa e quando

Com frequência, líderes de negócios querem saber: "Qual é a melhor estrutura de compensação de vendas?" A pergunta é complexa. O plano ideal depende do contexto – personalizado tanto para o tipo de negócio quanto para o estágio de crescimento em que a companhia se encontra. Em geral, startups passam por três estágios principais: obtenção de clientes; retenção de clientes e sucesso; e crescimento sustentável. Nos primeiros sete anos na HubSpot, usamos três tipos diferentes de plano de compensação de vendas, cada um apropriado para o estágio em que nosso negócio se encontrava na época.

Em resumo

O desafio

Com frequência, uma startup muda de direção ao crescer. Conforme a estratégia se modifica, é fundamental que os funcionários que geram as receitas – a equipe de vendas – compreendam e se comportem de uma maneira que apoie a nova estratégia. O sistema de compensação de vendas pode ajudar os empreendimentos a obter esse alinhamento.

A receita

Revise o sistema de incentivos para que os vendedores se concentrem em novos objetivos em cada fase de crescimento. A startup HubSpot fez isso: implementou um plano que estimulava a obtenção rápida de clientes no começo, mas mudou para um segundo plano cuja intenção era promover a retenção de clientes e depois para um terceiro voltado para crescimento sustentável.

O resultado

Mudanças no plano de compensação de vendas ajudaram a HubSpot a chegar rapidamente à marca de US$ 100 milhões em faturamento anual e a acumular mais de 10 mil clientes em sessenta países.

1. O plano de obtenção de clientes

O primeiro plano de compensação da HubSpot tinha como objetivo "caçar" novos clientes. Quando o instauramos, tínhamos cem clientes, com uma previsão de faturamento anual de quase 300 mil dólares. Como a maioria das startups nesse estágio de desenvolvimento, precisávamos obter clientes depressa para que pudéssemos conferir em que medida nossa oferta era de fato valiosa para eles. Tínhamos sido muito bons em obter feedback de clientes potenciais enquanto desenvolvíamos nosso produto – o que acontece com a maioria dos novos empreendimentos –, mas o teste definitivo seria pedir dinheiro aos clientes.

O primeiro plano pagava aos vendedores um salário-base de 2 dólares adiantados a cada dólar de receita recorrente mensal que eles obtivessem.

Para proteger a companhia caso os clientes nos abandonassem, implementamos um *clawback* de quatro meses nas comissões. Isso significava que, se um cliente abandonasse o navio nos primeiros quatro meses, a HubSpot tomava todos os adiantamentos de volta (deduzindo-os das comissões recebidas pelo vendedor no mês seguinte). Se um cliente permanecesse na plataforma por quatro meses, o vendedor poderia ficar com a comissão integral mesmo que o cliente cancelasse posteriormente.

Esse plano era simples, claro e voltado para a caça. Ele funcionou bem para acelerar o ritmo da obtenção de novos clientes. Em menos de seis meses, nossa base disparou para mil clientes e nosso faturamento atingiu a marca de 3 milhões de dólares.

2. O plano de sucesso de retenção de clientes

Com bastantes clientes a bordo, agora podíamos avaliar o progresso da empresa rumo ao "encaixe de produto/mercado" – o ponto em que as características e os preços dos produtos estão alinhados com as preferências do mercado. O maior sinal de que o encaixe não estava perfeito era um problema claro com a retenção de clientes. Entre nossos primeiros clientes, o nível de evasão se mostrava insustentável. Isso não era de surpreender. É raro que uma startup encontre um encaixe na sua primeira tentativa com clientes. É por isso que durante esse estágio são necessários um ciclo de feedback rápido, um diagnóstico apropriado dos problemas e iteração rápida e disciplinada. Nesse ponto da evolução de uma startup, é fundamental descobrir quem são seus melhores clientes e que medidas os tornarão bem-sucedidos.

Em busca de respostas, estudamos os dados. Na época, designávamos um consultor pós-vendas para cada novo cliente. Ele instalava nosso serviço e ensinava a equipe do cliente a usá-lo. Nossa primeira teoria foi que alguns dos consultores pós-vendas estavam fazendo um trabalho melhor do que outros. Se conseguíssemos identificar quais consultores eram mais eficientes, poderíamos analisar seus processos, compreender o que eles estavam fazendo de diferente e introduzir as melhores práticas em toda a equipe. Contudo, quando examinamos a evasão de clientes por consultor pós-venda, notamos que os níveis eram similares em toda a equipe. Aquela teoria específica não se confirmou.

Depois analisamos as taxas de evasão de clientes por vendedor. Ali estava nossa resposta! Em toda a organização, a proporção entre as taxas de evasão de clientes mais baixas e mais altas entre vendedores era de mais de 10:1. Não tínhamos problema em conseguir clientes. Tínhamos um problema de vendas. Nossa retenção de clientes estava baseada nos tipos de cliente em que os vendedores escolhiam focar e nas expectativas que eles estabeleciam a cada conta nova.

Imediatamente compartilhei essa análise com a equipe de vendas, revelando a taxa de evasão de clientes de cada vendedor e comparando os dados com a média do grupo. Expliquei à equipe a importância da retenção, tanto para nosso negócio quanto para nossos clientes. Eu disse que ajustaria o plano de compensação de vendas para alinhar o desempenho de retenção de clientes com as comissões.

É claro que, no trimestre seguinte, cumpri minha promessa. Fiz um ranking posicionando desde a pessoa com a melhor taxa de retenção até a pessoa com a pior taxa. Depois segmentei a equipe em quartis. O quartil de melhor desempenho receberia 4 dólares a cada dólar de receita recorrente a partir daquele momento. "Parabéns", falei para esse grupo, "vou dobrar suas comissões. Por quê? Porque vocês trazem os melhores clientes. Continuem assim."

Passei para o quartil seguinte: "Bom trabalho. Agora vocês ganham 3 dólares a cada dólar de receita recorrente mensal, um aumento de 50% em relação à sua taxa anterior."

"Para o pessoal no terceiro quartil, não há mudança. Vocês receberão a mesma taxa de 2 dólares a cada dólar de receita recorrente mensal."

Concluí falando com o grupo mais difícil: "Para o quarto quartil, que é também o que teve a pior performance, os ganhos passaram a ser de 1 dólar para cada dólar de receita recorrente mensal. Por quê? Porque seus clientes não estão tendo sucesso. Comparados com a média, eles não são lucrativos para nossa companhia. E o mais importante: vocês estão desperdiçando o dinheiro dos nossos clientes, uma vez que não estabelecem expectativas apropriadas sobre como ter sucesso com nosso negócio. Elaboramos um treinamento para melhor estabelecimento da expectativa dos clientes. Precisamos que vocês levem esse treinamento a sério. Estamos aqui para ajudar vocês a desenvolver essa habilidade."

Melhorando o desempenho com campeonatos de vendas

Campeonatos são quase tão eficientes quanto planos de compensação quando se trata de motivar uma equipe de vendas. Eles dão um clima divertido e dinâmico a uma rotina às vezes entediante. Também servem para promover comportamentos desejados e, diferentemente de planos de comissão, podem ser temporários. Eles são usados inclusive para construir uma cultura de equipe.

Por esses motivos, fiz um campeonato de vendas na HubSpot quase todo mês, especialmente nos primeiros anos de desenvolvimento da equipe. Aqui estão minhas seis melhores práticas para o projeto de um campeonato de vendas:

1. **Alinhe o campeonato com uma mudança comportamental de curto prazo.** Por exemplo, temendo uma queda das vendas no verão, você pode querer aumentar a atividade nesse período. Seria difícil obter esse aumento por meio do plano de comissões, mas realizar um campeonato com duração de um mês baseado em atividades funcionaria.
2. **Faça o campeonato organizado em equipes.** Essa abordagem tem um efeito notável na cultura da equipe, especialmente no começo. Nos meus primeiros três anos na HubSpot, todo campeonato que conduzi foi baseado em equipes. Eu sempre via vendedores de alto desempenho ajudando colegas de equipe que estavam ficando para trás, e os de baixo desempenho trabalhando até mais tarde para evitar decepcionar suas equipes. Quando resolvi conduzir um campeonato baseado em desempenho individual, ouvi acusações de trapaça e presenciei

A combinação de um conjunto diferente de incentivos e melhor treinamento funcionou: em seis meses, a taxa de evasão de clientes caiu 70%. Mais uma vez, um plano de compensação de vendas motivou os resultados do negócio.

3. O plano de crescimento sustentável

Graças em parte ao plano dois, a HubSpot alcançou rapidamente o equilíbrio produto/mercado. Agora expectativas irreais definidas pela equipe de vendas quase nunca estavam entre as razões citadas pelos clientes para abandonar nosso serviço. A taxa de evasão de clientes em geral estava

traições pela primeira vez. Voltamos imediatamente para os campeonatos em equipe.
3. **Faça o prêmio organizado por equipes.** Escolha uma recompensa que a equipe aproveite junto: alugue uma limusine para levar os vencedores a um passeio. Leve-os para jogar futebol. Envie-os para velejar por um dia. Fazer o prêmio organizado por equipes aumenta o impacto positivo na cultura. Os vencedores voltam para o escritório com fotos de quanto se divertiram – juntos. As pessoas se sentem bem em relação aos colegas. Equipes se sentem motivadas a vencer no mês seguinte.
4. **Envie atualizações sobre o campeonato diariamente.** Pelo menos uma vez por dia, publique o andamento do campeonato para a equipe de vendas inteira (se não para a companhia inteira), mesmo que você precise fazer isso manualmente. Esse é um ponto de execução fundamental. Sem atualizações diárias, a efetividade do campeonato cairá abruptamente.
5. **Escolha a duração do campeonato com sabedoria.** O campeonato precisa durar tempo bastante para que a mudança comportamental desejada aconteça, mas curto o suficiente para manter os vendedores engajados. Um período de um dia é muito pouco. Campeonatos de uma semana são o mínimo aceitável. Um período trimestral é provavelmente longo demais. Campeonatos mensais são o ideal.
6. **Evite fazer muitos campeonatos.** Nunca implemente cinco campeonatos ao mesmo tempo. Sobrepor campeonatos diluirá o efeito deles. Conduza um campeonato por vez para cada grupo específico de vendedores.

muito menor e as razões para cancelamento não eram alarmantes. Estava na hora de nossa startup se concentrar em atingir um crescimento mais rápido e sustentável – em outras palavras, aumentar a escala do negócio. Para fazer isso, precisávamos alinhar as compensações de vendas a esse objetivo.

Para assegurar um crescimento sadio, eu precisava incorporar o que já tínhamos aprendido em nossa jornada. Eu certamente queria um forte incentivo para a equipe de vendas conseguir obter novos clientes depressa. Contudo, precisava manter a equipe alinhada ao objetivo de aumentar a retenção de clientes, já que isso obviamente compensaria os custos de aquisição e aumentaria a lucratividade.

Um insight importante que tínhamos tido anteriormente era que seria importante para o cliente estar comprometido a adotar o marketing de atração. Embora possa transformar a maneira como uma organização transmite sua mensagem aos clientes, esse tipo de marketing não é uma solução simples. Sua implementação exige trabalho. Os clientes precisam compreender isso para ter sucesso. Nós já havíamos trabalhado para que os vendedores estabelecessem expectativas realistas, mas agora precisávamos encontrar uma maneira de fazê-los focar em clientes que fariam um investimento real (de tempo, energia e dinheiro) em aprender a usar o serviço da HubSpot. Como eu poderia alinhar a equipe de vendas a esse objetivo de uma maneira clara e mensurável?

A resposta era: estabelecendo termos de pagamentos adiantados por novos clientes. Quando analisamos os dados, nos demos conta de que nossos clientes que pagavam mensalmente eram menos comprometidos com o serviço geral da HubSpot e muito mais propensos a nos abandonar. Aqueles que pagavam com antecedência pelo ano inteiro se mostravam mais comprometidos e, no fim das contas, mais bem-sucedidos. (Obviamente, pagamentos antecipados também exerciam um impacto positivo sobre o fluxo de caixa da HubSpot – outro fator que se torna importante para uma startup quando ela cresce.)

Como resultado, nosso terceiro plano foi projetado da seguinte maneira: (1) vendedores receberiam 2 dólares a cada dólar de receita recorrente mensal; (2) a comissão seria paga da seguinte maneira: 50% no primeiro mês de pagamento do cliente, 25% no sexto mês e 25% no 12º.

Portanto, se um cliente escolhesse fazer pagamentos mensais, o vendedor esperaria um ano inteiro para receber o último quarto da comissão por aquele cliente. Contudo, se o cliente pagasse um ano inteiro de assinatura adiantado – um fator que estava totalmente sob o controle do vendedor –, a comissão integral seria recebida de imediato.

Antes de colocarmos esse plano em prática, o comprometimento de pré-pagamento durava em média 2,5 meses. Depois que o plano entrou em vigor, a média saltou para sete meses. A evasão de clientes foi contida; a retenção aumentou. Os novos clientes eram lucrativos para a HubSpot. Vendedores sentiam que estavam no controle do próprio destino. Missão cumprida.

Antes de mudar o plano de compensação...

A HubSpot ainda é uma companhia jovem e em crescimento, e é possível que ainda seja necessário ajustar novamente a fórmula de compensação de vendas conforme o negócio evoluir. Tendo por base o que aprendemos durante nossos oito primeiros anos, minha equipe desenvolveu algumas perguntas que fazemos sobre qualquer mudança potencial: Ela é simples? Está alinhada aos nossos propósitos? É imediata?

Permita-me discorrer sobre isso.

Simplicidade

Vendedores não deveriam precisar de uma planilha para calcular seus rendimentos. Quando existem muitas variáveis em jogo, eles ficam sem saber quais comportamentos vão resultar na comissão mais alta. Eles podem deixar o plano de lado e simplesmente voltar a vender da maneira que sabem. Perde-se a oportunidade de usar o plano de compensação para motivar o comportamento desejado. Opte por planos simples. Você deve deixar explícito quais resultados está recompensando.

Alinhamento

Olhe para o próximo ano e reflita: "Qual é o objetivo mais importante que a companhia precisa alcançar: Sucesso do cliente? Fatia de mercado? Distribuição de um produto novo? Nova penetração no mercado?" Depois que tiver identificado o objetivo, pergunte a si mesmo: "Como o plano de compensação de vendas pode ser alinhado a esse objetivo?" Não subestime o poder do plano de compensação. Você pode fazer ajustes no treinamento de vendas, refazer materiais de marketing, participar de conferências de clientes – a escolha é sua. Independentemente desses esforços, se a maior parte das receitas da sua companhia é gerada por vendedores, alinhar o seu plano de compensação de forma apropriada terá um impacto maior do que qualquer outra medida.

Imediatismo

Quando vendedores têm sucesso, eles devem vê-lo refletido em seus rendimentos imediatamente. Quando fracassam, devem sentir a dor nos próprios rendimentos imediatamente. Qualquer intervalo entre comportamento bom (ou ruim) e sua consequência reduzirá o impacto do plano.

Sempre que considerava mudar o plano de compensação, eu envolvia a equipe de vendas no replanejamento. Para começar, geralmente realizava uma "reunião de condomínio". Depois de comunicar os objetivos que eu buscava ao implementar o plano, abria espaço para ideias estruturais. O brainstorming começava. À medida que as reuniões iam acontecendo, eu compartilhava algumas das estruturas que estavam sendo consideradas e convidava pessoas a compartilhar seu feedback.

Para fazer o acompanhamento, costumava criar uma página no site colaborativo da companhia reiterando as razões para mudar o plano, anunciando os objetivos e descrevendo algumas das estruturas que estavam sendo consideradas. A conversa então continuava on-line com ideias e reações. Eu respondia à maioria dos comentários. O formato digital permitia que os vendedores se atualizassem do assunto e participassem da conversa quando tivessem tempo.

Durante todo o processo, eu era muito explícito ao dizer que o projeto do plano de compensação não era democrático. Era fundamental que os vendedores não confundissem transparência e envolvimento com um convite para projetar o plano de modo egoísta em torno das próprias necessidades. A maioria deles apreciou aquela abertura, mesmo quando as mudanças não eram favoráveis às suas situações individuais. Durante o processo, a equipe de vendas contribuiu com algumas ótimas ideias. Cada mudança de plano de comissões que fizemos incluía pelo menos um elemento estrutural que tinha sido sugerido por um vendedor durante nossas discussões. Por causa desse envolvimento, quando um novo plano era implementado, a equipe de vendas compreendia por que determinada estrutura fora escolhida.

Compensação é apenas uma das ferramentas que aprendi a usar ao escalonar a equipe de vendas da HubSpot. Nossos programas de coaching de contratação, de treinamento e de vendas também têm sido cruciais para nosso sucesso. O que há em comum entre eles é que todos são baseados em uma análise cuidadosa do que funciona e do que não funciona, no uso rigoroso de dados e métricas em vez de intuição ou improviso e em conversão sistemática do que realmente funciona em uma fórmula que pode ser replicada.

Estou recomendando a mesma evolução de planos de compensação para todos os negócios? De forma alguma. O plano de compensação de vendas deve refletir o seu tipo de negócio e o estágio em que ele se encontra. A evolução do plano da HubSpot ilustra esse ponto e oferece um exemplo real do impacto que uma mudança no plano pode exercer sobre resultados empresariais. E também mostra que, em uma era em que gerentes podem acessar dados sobre tudo que acontece dentro de suas empresas, gerenciar com sucesso uma equipe de vendas deveria ser considerado muito menos uma arte e muito mais uma ciência.

Publicado originalmente em abril de 2015.

10

Como *realmente* motivar vendedores

Doug J. Chung

ANTES DE ME TORNAR PROFESSOR de uma faculdade de administração, trabalhei como consultor de gestão. Um projeto específico teve influência profunda na minha carreira: trabalhei com a equipe de vendas de uma companhia global de produtos de consumo baseada na Ásia. Essa empresa praticava "vendas por rotas", o que significa que os representantes passavam seus dias visitando lojas de conveniência administradas por famílias para prestar atendimento a algumas contas. Uma coisa sobre a empresa me surpreendeu: seus gerentes de vendas passavam um tempo excessivo ouvindo os representantes reclamarem de suas compensações.

As reclamações vinham do que os representantes viam como vários problemas. As metas estabelecidas eram altas demais, de modo que era impossível atingi-las. Ou o território deles era de qualidade inferior, limitando sua capacidade de conseguir novas contas. Às vezes as reclamações focavam em igualdade de condições: um representante que estivesse batendo suas metas e ganhando um valor satisfatório queria que um gerente fizesse algo com relação a um colega "preguiçoso" que estava recebendo um pagamento maior simplesmente porque trabalhava em um bom território. Imagine qualquer reclamação concebível que um vendedor possa ter sobre remuneração e garanto que os gerentes de vendas na companhia do meu cliente já a escutaram.

Os representantes não eram os únicos obcecados pelo sistema de compensação. A companhia gostava de usar os componentes do sistema para tentar encontrar maneiras melhores de motivar os representantes e aumentar o faturamento ou para aumentar o retorno do dinheiro usado para pagar os vendedores – uma parte grande de seu orçamento de marketing. O sistema de compensação dessa companhia era bastante básico: representantes recebiam um salário e uma comissão que girava em torno de 1% das vendas. A companhia se preocupava com o fato de que, por ser focado demais em resultados, o sistema pudesse compensar representantes para mais ou para menos por fatores fora do controle deles. Portanto ela começou a basear a compensação no esforço e no comportamento dos vendedores, e não apenas no faturamento bruto das vendas. Por exemplo, sob o novo sistema, uma parte da compensação levava em conta pesquisas de satisfação dos clientes, o número de contas em potencial visitadas (mesmo que não fechassem negócio) e retenção de contas existentes.

Principalmente por causa dessa tarefa de consultoria, fiquei tão curioso sobre as melhores maneiras de compensar vendedores que comecei a ler artigos acadêmicos sobre o tema. Por fim obtive um ph.D. em marketing em Yale, onde estudei a teoria e a prática de como as empresas podem e devem gerenciar e pagar seus vendedores – pesquisa que continuo agora na Harvard Business School.

Existem menos acadêmicos estudando compensação e gerenciamento de equipes de vendas do que pesquisando assuntos de marketing da moda, como o uso de mídias sociais ou propaganda digital, mas mesmo assim o primeiro campo avançou rapidamente na última década. Embora algumas das teorias estabelecidas nas décadas de 1970 e 1980 ainda se apliquem, acadêmicos começaram a testá-las usando dois novos métodos: análise empírica de vendas de companhias e de dados de pagamento, e experimentos de campo nos quais pesquisadores aplicam várias estruturas de pagamento a grupos diferentes de vendedores e depois comparam o esforço e a produtividade dos grupos.

> ## Em resumo
>
> **A pesquisa**
> Na última década, pesquisadores que estudam compensações de equipes de vendas têm saído do laboratório para o campo a fim de realizar uma análise empírica dos dados de pagamento e de vendas de uma companhia e conduzir experimentos com representantes reais.
>
> **As descobertas**
> Empresas vendem mais quando removem tetos para comissões; "ajustes" – aumento da meta de um representante depois de um ano bom – diminuem a motivação; e um sistema de pagamento com múltiplos componentes (como vários tipos de bônus e de comissão) pode engajar uma ampla gama de vendedores.
>
> **As implicações**
> Muitas empresas usam experimentos para melhorar definição de preços, ações de marketing e projetos de sites. Como a compensação por vendas implica uma despesa grande e a eficiência da equipe de vendas é o principal motivador de faturamento, companhias também deveriam aplicar análises e experimentação para descobrir as melhores maneiras de pagar e motivar seus vendedores.

Essa nova onda de pesquisa já está fornecendo provas de que algumas práticas padrão de compensação provavelmente prejudicam as vendas. Por exemplo, pesquisadores concluíram que um teto para comissões, o que muitas companhias grandes usam, reduz a motivação e o esforço de representantes de alto desempenho. Da mesma forma, a prática de "ajustar" metas (elevando a meta anual de uma pessoa se ela a ultrapassou no ano anterior) pode prejudicar resultados a longo prazo. Pesquisas baseadas em experimentos de campo (em oposição aos experimentos de laboratório que os acadêmicos vêm realizando há muitos anos) também estão trazendo novos insights sobre como o momento e a rotulação de bônus podem afetar a motivação dos vendedores.

Neste artigo vou conduzir os leitores pela evolução dessa pesquisa e sugerir as melhores maneiras de aplicá-la. Com sorte, esse conhecimento não apenas ajudará companhias a pensar sobre maneiras melhores de compensar vendedores como também pode significar que os gerentes vão passar menos horas ouvindo seus funcionários reclamar de pagamentos injustos.

Os perigos dos sistemas de compensação complexos

Há muito tempo pesquisadores que estudam compensação de equipes de vendas têm sido guiados pela teoria do principal/agente. A teoria, extraída do campo da economia, descreve o problema que resulta do conflito de interesses entre um principal (uma empresa, por exemplo) e um agente contratado por esse principal (um funcionário). Por exemplo, uma companhia quer a produtividade máxima de um funcionário, mas um funcionário assalariado pode ficar de preguiça e mesmo assim continuar impune caso a empresa não consiga se certificar do desempenho dele. A maioria dos esquemas de compensação ou de remuneração variável – incluindo opções de ações para os altos executivos – é uma tentativa de alinhar os interesses de principais aos de agentes. Planos baseados em comissões para vendedores são apenas um exemplo.

Vendedores eram pagos por comissão há séculos antes que os economistas começassem a escrever sobre o problema do principal/agente. As empresas escolheram esse sistema por pelo menos três razões. Primeiro, é fácil mensurar a produtividade a curto prazo de um vendedor, o que não é o caso com a maioria dos trabalhadores. Segundo, representantes de campo costumam trabalhar com pouca (ou nenhuma) supervisão; pagamentos baseados em comissões dão aos gerentes algum controle, compensando a própria incapacidade de saber se um representante está de fato visitando clientes ou se foi jogar golfe. Terceiro, estudos de tipos de personalidade mostram que geralmente vendedores possuem um apetite maior por riscos do que outros trabalhadores, de modo que se sentem atraídos por um plano de pagamentos que ofereça potencial lucrativo.

Durante a década de 1980, várias pesquisas importantes influenciaram o uso que as companhias fazem de sistemas baseados em comissões. Uma delas, realizada por Rajiv Lal, meu colega de Harvard, e por vários coautores, explorou como o nível de incerteza no ciclo de vendas de um setor deveria influenciar sistemas de pagamento. Eles concluíram que quanto mais incerto for o ciclo de vendas de uma empresa, mais o vendedor deveria receber um salário fixo; e quanto menos incerto o ciclo, mais o pagamento deveria depender de comissões. Considere a Boeing, cujos vendedores podem passar anos conversando com uma companhia aérea antes que ela de fato encomende novos 787. Uma empresa desse tipo teria dificuldade em reter representantes se os pagamentos dependessem principalmente de comissões. Por outro lado, setores em que vendas acontecem de forma rápida e frequente (um vendedor de porta em porta pode ter a chance de registrar faturamento a cada hora) e se correlacionam mais diretamente com esforço e, portanto, são menos caracterizados por incertezas, pagam principalmente (se não inteiramente) por meio de comissões. A pesquisa mostra ainda como companhias fazem combinação entre salários e comissões.

Outro estudo importante, do final da década de 1980, foi conduzido pelos economistas Bengt Holmström e Paul Milgrom. Em seu artigo muito teórico, baseado em muitas premissas, eles descobriram que uma fórmula de comissões lineares (diretamente proporcionais a quanto foi vendido, independentemente de se foi muito ou pouco) é geralmente a melhor maneira de pagar representantes. Eles argumentam que, se você usa uma fórmula de compensação de vendas muito complicada – com muitos bônus ou mudanças na estrutura de comissões dependendo do alcance de metas ao longo de certo período –, os representantes descobrirão um jeito de usá-la a seu favor. A maneira mais comum de fazer isso é por meio de manipulação do timing das vendas. Se um vendedor precisa atingir uma meta anual, por exemplo, ele pode pedir a um cliente amigável que lhe permita registrar no fim de dezembro uma compra que normalmente seria feita em janeiro (isso é conhecido como "puxar" uma venda); um representante que já bateu sua meta, por outro lado, pode ficar tentado a "empurrar" as vendas de dezembro para janeiro para começar o ano seguinte com alguma vantagem.

Embora um plano de compensações tão simples como o defendido por Holmström e Milgrom possa ser atraente (para começar, ele é mais fácil e menos custoso de administrar), muitas companhias optam por algo mais complexo. Elas fazem isso em reconhecimento ao fato de que cada vendedor é único, com motivações e necessidades individuais, portanto um sistema com múltiplos componentes pode ser mais atraente para um grupo grande de representantes. Na verdade, para obter a produtividade ideal de um vendedor específico, você deveria desenvolver um sistema de compensação personalizado para esse indivíduo. Por exemplo, algumas pessoas são mais motivadas por dinheiro, outras por reconhecimento e há ainda quem prefira ganhar uma viagem ou um vale-presente. Algumas reagem melhor a bônus trimestrais, enquanto outras são mais produtivas se focarem em uma meta anual. Contudo, tal plano individualizado seria extremamente difícil e custoso de administrar, e companhias temem o disse me disse: representantes poderiam compartilhar entre si informações sobre suas compensações o que levantaria preocupações sobre a igualdade de condições e levaria a ressentimentos. Portanto, por enquanto, planos individualizados permanecem incomuns.

A preocupação com igualdade de condições cria outras pressões na elaboração de planos de compensações. Por exemplo, as companhias se dão conta de que sucesso em qualquer área, inclusive em vendas, envolve certa quantidade de sorte. Se o representante de uma companhia de refrigerantes cobre um território no qual um Walmart está abrindo, suas vendas (e sua comissão) vão aumentar, mas ele não é responsável pelo salto nas receitas – portanto, essencialmente, a empresa está lhe pagando por ter sorte. Mas, quando a compensação de um vendedor diminui por causa de azar, ele pode ficar irritado e sair da empresa. Esse atrito pode ser um problema. Portanto, ainda que haja desvantagens em tornar um sistema de compensação mais complexo, muitas companhias o adotam na esperança de se tornar atraentes para diferentes tipos de vendedor e de limitar o impacto da sorte utilizando tetos ou compensando pessoas por informações ou esforço (tal como o número de visitas realizadas) em vez de simplesmente por fecharem vendas.

Usando dados reais da companhia para construir conhecimento

A grande diferença entre as primeiras pesquisas sobre compensação de vendas e as pesquisas que surgiram na última década é que as mais recentes não são baseadas apenas em teorias. Embora as empresas costumem guardar segredo sobre seus planos de pagamento, pesquisadores começaram a convencê-las a compartilhar dados. Assim, as empresas têm se aberto aos

Como criar um plano de compensação de vendas

Planos de compensação de vendas precisam apoiar a estratégia de uma empresa; motivar uma vasta gama de funcionários com desempenhos diferentes; ser justos e simples de explicar e de entender; e resultar em pagamentos que estejam dentro do orçamento de uma companhia. Aqui estão os passos que gerentes de vendas devem seguir para elaborar um plano que atenda a esses critérios.

Passo 1: Defina o nível de pagamentos	Passo 2: Equilibre salários e incentivos	Passo 3: Elabore o plano			Passo 4: Escolha períodos de pagamentos	Passo 5: Considere elementos adicionais
		Métricas	**Tipo de plano**	**Curva de pagamentos**		
Isso é crucial para atrair e reter talento.	A proporção da remuneração que vem do salário e de incentivos determina o risco do plano. O equilíbrio apropriado varia de um setor para outro e com frequência é baseado no grau de certeza de que o esforço de um vendedor vai influenciar diretamente as vendas.	A maioria das companhias ainda paga os vendedores baseada no faturamento bruto, embora algumas paguem de acordo com a lucratividade das vendas.	Muitas empresas complementam salários e comissões com bônus baseados em superação de metas ou alcance de outros objetivos.	Tetos para remuneração limitam o pagamento dos funcionários de melhor desempenho e achatam a curva de pagamentos (ou a tornam "regressiva"); aceleradores ou comissões por desempenho excepcional aumentam o pagamento dos funcionários de melhor desempenho, criando uma estrutura "progressiva".	Companhias podem definir estruturas de metas e de bônus a fim de cobrir períodos que variem de uma semana a um ano inteiro. Pesquisas mostram que períodos de pagamento menores ajudam a manter funcionários de baixo desempenho motivados e engajados.	Muitas empresas usam estímulos não monetários, como concursos ou programas de reconhecimento.

Fonte: Adaptado de *The Power of Sales Analytics* (O poder da análise de vendas), de Andris A. Zoltners, Prabhakant Sinha e Sally E. Lorimer.

pesquisadores, em parte por causa da atenção dada à análise de *big data*; os gerentes esperam que o fato de permitir que pesquisadores apliquem matemática e técnicas de estimativa poderosas aos seus números os ajude a desenvolver ferramentas melhores para motivar sua força de trabalho. De fato, esses novos estudos empíricos têm revelado algumas surpresas, mas também confirmado parte do que já sabíamos sobre as melhores maneiras de efetuar pagamentos.

Em 2008, Tom Steenburgh, professor da Darden School of Business da Universidade da Virgínia, publicou um dos primeiros desses artigos. Ele convenceu uma empresa B2B que vendia equipamentos de escritório a lhe dar informações sobre vários anos de vendas e compensações. Esse conjunto único de dados permitiu que Steenburgh analisasse os dados de vendas e de pagamentos de vendedores individuais e os usasse para chegar a premissas sobre como o pagamento influencia o comportamento. A companhia tinha um plano de compensação complexo: representantes recebiam um salário, comissões, bônus trimestrais baseados no cumprimento de metas, um bônus anual adicional e uma comissão por "desempenho excepcional" oferecida quando eles superavam certas metas de vendas. Ele focou na questão da manipulação de timing: havia evidências de que os vendedores estivessem "puxando" ou "empurrando" vendas de um trimestre para outro para ajudá-los a bater metas e ganhar pagamento de incentivos? Essa é uma pergunta importante, pois puxar e empurrar não aumentam o faturamento da empresa, então é um desperdício pagar mais aos vendedores por fazerem isso.

Ainda que os vendedores no estudo recebessem (ou deixassem de ganhar) bônus substanciais por atingir (ou não) metas, Steenburgh não encontrou nenhuma evidência de manipulação de timing. Ele concluiu que os clientes da firma exigiam que as vendas fossem fechadas de acordo com as próprias necessidades (ao final de um trimestre ou de um ano, por exemplo) e que os gerentes da empresa tinham a possibilidade de monitorar suficientemente de perto os representantes para impedi-los de influenciar o momento das vendas de modo a aumentar seus pagamentos de incentivo. Essa descoberta foi importante, pois metas e bônus são uma grande parte da maioria dos planos de compensações de vendas.

Em 2011, Sanjog Misra, da UCLA, e Harikesh Nair, de Stanford, publicaram um estudo que analisou o plano de compensação de vendas de uma companhia de produtos óticos da *Fortune 500*. Em contraste com a empresa que Steenburgh estudou, essa companhia tinha um plano relativamente simples: pagava um salário mais uma comissão padrão sobre vendas depois que a meta era atingida, e estabelecia um teto para quanto um representante poderia receber a fim de prevenir pagamentos muito altos em vendas grandes. Tais tetos são relativamente comuns em grandes organizações.

Ao analisar os dados, Misra e Nair concluíram que o teto estava prejudicando as vendas totais e que a companhia estaria melhor sem essa prática. Eles também perceberam que a motivação de muitos representantes estava sendo prejudicada pela prática de ajustes da empresa. Definir e ajustar metas são uma parte muito delicada da fórmula de compensação de vendas e há desacordo em relação a suas prerrogativas: alguns acham que, se as metas não são ajustadas, acaba se tornando fácil demais para representantes ganhar grandes comissões e bônus, enquanto outros argumentam que, se a meta de alguém sofre um aumento depois de um ano muito bom, a companhia está efetivamente penalizando os funcionários de melhor desempenho.

Misra e Nair estimaram que, se aquela empresa removesse os tetos dos faturamentos dos representantes e eliminasse metas, as vendas aumentariam 8%. A companhia implementou as recomendações e no ano seguinte o faturamento como um todo aumentou 9%.

Um terceiro estudo empírico sobre o pagamento de representantes de vendas, do qual sou o autor principal, foi publicado na *Marketing Science* em 2014. Como Steenburgh, usamos dados de uma fornecedora B2B de equipamentos de escritório com um plano de compensações complexo. Examinamos como os componentes do plano afetavam todos os tipos de representante: de alto, baixo e médio desempenho.

Descobrimos que, embora o salário e a comissão linear afetassem os três grupos de maneiras similares, outros componentes criavam incentivos diferentes dependendo do subgrupo da equipe de vendas. Por exemplo, comissões por desempenho excepcional eram importantes para manter os funcionários de desempenho mais alto motivados e engajados depois de baterem suas metas. Bônus trimestrais eram mais interessantes para os vendedores de desempenho mais baixo: enquanto os de alto desempenho poderiam ser incentivados por meta e bônus anuais, objetivos mais frequentes ajudavam a manter os de desempenho inferior na linha.

Algumas pessoas comparam a forma de compensar uma equipe de vendas à maneira como professores incentivam alunos: os melhores vão se sair bem em uma matéria em que a nota total seja determinada por uma prova final, mas os de desempenho inferior precisam de questionários e testes frequentes durante o semestre para se sentirem motivados a acompanhar as aulas. Nosso estudo mostrou que a mesma regra geral se aplica a compensações de vendas.

Nossa pesquisa também indicou que a empresa se beneficiaria se mudasse de bônus trimestrais para bônus trimestrais *cumulativos*. Por exemplo, digamos que um vendedor precise vender trezentas unidades no primeiro trimestre e trezentas unidades no segundo trimestre. Sob um plano trimestral regular, um vendedor que não cumpre a meta no primeiro trimestre mas consegue no segundo vai receber o bônus do segundo trimestre. Sob um sistema cumulativo, o representante precisa vender (do começo do ano até o prazo final) seiscentas unidades para receber o bônus do segundo trimestre, independentemente do desempenho no primeiro trimestre. Metas cumulativas funcionam melhor para manter os representantes motivados durante períodos em que apresentam resultados ruins, pois os representantes sabem que, mesmo que não consigam atingir o número, qualquer venda que conseguirem realizar os ajudará a atingir o número cumulativo no período seguinte. Na verdade, antes mesmo que fizéssemos recomendações para a companhia do nosso estudo, seus altos executivos decidiram mudar para o esquema de metas cumulativas.

Fora do laboratório, dentro do campo

Além de compartilhar dados de vendas e de compensações com acadêmicos, nos últimos anos as companhias têm permitido experimentos de campo controlados e de curta duração para que os pesquisadores ajustem os pagamentos dos representantes e meçam os efeitos disso. Antes do uso de experimentos de campo, a maioria dos experimentos acadêmicos relativos a compensação de equipes de vendas era realizada em laboratórios e envolvia voluntários (geralmente alunos de graduação) em vez de vendedores reais. Mudar desse cenário artificial para empresas reais ajuda a tornar os resultados desses estudos mais práticos e convincentes.

Como exemplo de um desses experimentos, considere o trabalho recente que meu colega Das Narayandas e eu realizamos em uma companhia sul-asiática que tem uma equipe de vendas de varejo para seus produtos de consumo duráveis. A companhia usa um sistema simples de comissões lineares – os representantes recebem uma porcentagem fixa das vendas, não precisam bater metas nem ganham bônus ou comissões por excelente desempenho. Os gerentes estavam interessados em saber em que medida a instituição de bônus afetaria o desempenho dos representantes, então, ao longo de seis meses testamos várias maneiras de estruturar essas compensações e definir quando seriam pagas – sempre comparando o resultado com um grupo de controle.

Para um de nossos grupos experimentais, criamos um bônus que seria pago no final da semana se um representante vendesse seis unidades. Para outro grupo, estruturamos os bônus de maneira diferente, usando o conhecido conceito de aversão à perda, segundo o qual a dor que as pessoas sentem por uma perda é maior que a felicidade que elas experimentam por terem ganhado algo. Em vez de dizer aos representantes que eles receberiam um bônus *se* vendessem seis unidades, dissemos que eles receberiam um bônus *a não ser que* não conseguissem vender seis unidades. Para testar ainda mais o conceito, os gerentes da companhia sugeriram outro experimento no qual pagávamos os bônus no começo da semana e depois fazíamos os representantes devolverem o dinheiro se não atingissem a meta.

Os resultados mostraram que os três tipos de bônus exercem efeitos similares e que, em todos os casos, o grupo que recebia o bônus vendia mais do que o grupo de controle. A aversão à perda não surtiu muito efeito. Acreditamos que isso tenha acontecido em parte porque estávamos usando dinheiro, que é líquido e intercambiável; no futuro, podemos fazer o experimento com recompensas não monetárias, como objetos físicos.

Também tentamos medir o impacto que pagamentos em dinheiro oferecidos como presentes (e não como bônus) exercem sobre o esforço dos representantes de vendas. Enquanto bônus são vistos como transacionais, a pesquisa mostra que apresentar algo como um presente cria uma forma particular de boa vontade entre o doador e o receptor. No nosso estudo, usamos dinheiro mas dissemos aos funcionários que se tratava de um presente, pois não precisavam atingir meta nenhuma para recebê-lo. Descobrimos que o momento em que o presente é dado influencia diretamente a resposta dos representantes: se você dá o presente no começo de um período, eles o veem como uma recompensa pelo desempenho passado e tendem a ficar relapsos. Se você diz a eles que receberão um presente no final de um período, eles se esforçam mais. Concluímos que, se as empresas quiserem estimular esse tipo de reciprocidade, elas vão precisar escolher com muita cautela o momento em que o presente será dado.

Outros pesquisadores estão usando experimentos de campo para compreender melhor como vendedores reagem a mudanças em esquemas de pagamento, mas a maior parte desse trabalho é tão recente que ainda não foi publicada. Um artigo apresentado em uma conferência em 2014 mostrou que, se vendedores receberem incentivos em dinheiro por passarem em testes sobre o produto que estão vendendo, eles vão vender mais. (Esse é um exemplo de compensação de vendas baseada em esforço em vez de em resultados.) Outro experimento de campo feito há pouco tempo descobriu que representantes de vendas valorizam incentivos não monetários (como trocar pontos por uma viagem ou por itens como aparelhos de TV) mais do que o valor em dinheiro do bem que os pontos poderiam comprar. À medida que mais pesquisadores e companhias abraçarem o uso de experimentos de campo, gerentes de vendas vão descobrir ainda mais sobre as melhores maneiras de motivar suas equipes.

Experimentar compensa

Depois de passar uma década no mundo acadêmico estudando compensações de equipes de vendas, às vezes me pergunto o que aconteceria se eu fosse transportado de volta para meu trabalho como consultor de gestão. O que eu diria para os gerentes das equipes de vendas fazerem de diferente?

Alguns dos meus conselhos seriam objetivos: eu incitaria os gerentes a remover o teto para comissões ou, se precisassem manter algum teto por questões políticas, a defini-lo com o valor mais alto possível. A pesquisa é clara nesse ponto: companhias vendem mais quando eliminam limites para que os incentivos sejam recebidos. Pode haver problemas se o faturamento de algum representante exceder drasticamente o de seus chefes ou até rivalizar com compensações de altos executivos, mas as evidências mostram que as empresas se beneficiam quando esses tetos arbitrários são removidos.

Eu diria aos gerentes de vendas que fossem extremamente cautelosos ao definir e ajustar metas. Por exemplo, a pesquisa mostra claramente que ajustar metas é prejudicial. É tentador olhar para um representante de vendas que ultrapassa em muito sua meta anual e concluir que a meta deve estar baixa demais – e metas de fato precisam ser ajustadas de vez em quando. Mas, no geral, é importante evitar que representantes pensem que injustiça ou sorte desempenham um papel na compensação, e redefinir metas pode contribuir para essa percepção. E se algo fora do controle do vendedor – como uma retração econômica – tornar mais difícil atingir um objetivo, eu consideraria reduzir a meta no meio do ano. É importante manter metas no nível adequado para motivar as pessoas de forma apropriada.

Baseado em minha pesquisa, eu defenderia um sistema de pagamento com múltiplos componentes – um que não seja complicado demais, mas que tenha elementos suficientes (tais como bônus trimestrais e bônus por desempenho excelente) para manter vendedores de alto, baixo e médio desempenho motivados e engajados o ano todo.

Finalmente, eu incitaria minhas companhias clientes a considerar fazer testes com seus sistemas de pagamento. Ao longo da última década, gerentes tomaram conhecimento do valor da experimentação (testes A/B, em particular); hoje, muitas companhias de bens de consumo fazem vários experimentos para tentar otimizar a definição de preços. Existem lições importantes a serem aprendidas em experimentos com pagamento dos representantes de vendas, porque os comportamentos estimulados por mudanças em incentivos podem exercer grande influência nas receitas de uma empresa e porque a compensação de equipes de vendas representa um custo alto que deve ser gerenciado da maneira mais eficiente possível. Envolver pesquisadores acadêmicos nesses experimentos pode ser benéfico: isso geralmente resulta em um ambiente mais controlado, um processo mais científico e em descobertas mais sólidas. Esses estudos também ajudam o mundo como um todo, porque pesquisas que melhoram a forma das companhias de motivar vendedores resultarão em negócios melhores e mais lucrativos para funcionários e acionistas.

Publicado originalmente em abril de 2015.

BÔNUS

Indo além do "Só faço por dinheiro"

Uma entrevista com Andris Zoltners por Daniel McGinn

QUANDO ERA UM JOVEM PROFESSOR de uma faculdade de administração, Andris Zoltners ficou fascinado por duas perguntas: de quantos vendedores uma companhia precisa e como ela deveria dividir os territórios deles para equilibrar a carga de trabalho e o potencial de mercado de modo a aumentar os lucros? Para descobrir as respostas, ele desenvolveu e aplicou modelos matemáticos complexos, e em 1983 havia tantas empresas clamando pelos insights de Zoltners, naquela altura um professor da Kellogg School da Northwestern University, que ele e um colega, Prabha Sinha, fundaram a ZS Associates. Hoje a empresa é uma das maiores consultoras de vendas do mundo, com 3.500 funcionários, e Zoltners, agora professor emérito depois de 35 anos no corpo docente da Northwestern, é considerado uma autoridade quando o assunto é definir as melhores maneiras de gerenciar e remunerar uma equipe de vendas. Ele foi coautor de oito livros sobre o tema. Zoltners conversou recentemente com Daniel McGinn, da *HBR*, sobre por que companhias dependem tanto de sistemas de compensações para motivar resultados, por que gerentes de campo são fundamentais para uma equipe de vendas de alto desempenho e o que mudou ao longo dos anos que ele passou observando o campo. Aqui estão alguns destaques dessa conversa:

HBR: Quais são os erros mais comuns que as empresas cometem ao compensar uma equipe de vendas?

Zoltners: Com muita frequência, elas incentivam demais ou muito pouco produtos essenciais, resultando em esforços mal orientados da equipe de vendas – esse é um erro clássico. Ou pagam pouco seus melhores vendedores: você precisa "alimentar as águias". Às vezes pagam demais a vendedores com bons territórios – e pagam pelo território, não pelo talento. Ou definem metas altas ou baixas demais. Se forem baixas demais, as pessoas as ultrapassam e ganham uma remuneração alta sem precisar de grandes esforços. Além disso, é muito difícil desacostumar os vendedores desse tipo de pagamento. Por outro lado, se as metas são altas demais, as pessoas desistem e deixam de trabalhar. Adiam as vendas para o próximo período de pagamento, quando o objetivo é mais baixo. Nos últimos trinta anos, as companhias melhoraram em estabelecer metas, em parte porque passaram a dispor de dados mais específicos para mensurar o potencial de territórios. E melhoraram em desenvolver planos de incentivo porque podem usar análises e há mais conhecimento disponível. Por meio de análises, você pode começar a estimar as consequências do que acontecerá se mudar um plano em vez de precisar adivinhar. Você pode olhar não só para o faturamento geral, mas também para quem é ajudado e quem é prejudicado pelas mudanças. Se seus melhores vendedores forem prejudicados por um novo plano, você vai querer saber disso antes de implementá-lo.

Líderes de vendas dependem muito de compensações para se sentirem motivados?

Para contextualizar um pouco, 85% das companhias vão mudar seu plano de compensação este ano. Elas não estão apenas mudando as metas; trata-se de mudanças estruturais. E por que elas vão fazer isso? Algumas estão entrando em novos mercados ou introduzindo novos produtos e precisam fazer a equipe de vendas focar em novas oportunidades.

Oportunidades estratégicas precisam ser abordadas. Mas a realidade é que até existem vários motivadores para o sucesso – você pode reestruturar a equipe de vendas, contratar representantes melhores, selecionar gerentes de vendas diferentes, oferecer um coaching mais eficaz –, mas muitos deles podem demorar muito para surtir efeito. Embora seja apenas um motivador, mudar um plano de compensação é relativamente fácil e os resultados chegam rápido. É também uma área na qual sempre há espaço para melhorias – é difícil acertar. Quando você cria um plano, é quase impossível não pagar de mais a algumas pessoas e pagar de menos a outras. E você pode ter certeza de que o segundo grupo vai perceber isso e defender mudanças.

Representantes diferentes deveriam ter planos de pagamento diferentes?

Tenho colegas que defendem que algum dia veremos planos de compensação customizados, por meio dos quais os vendedores serão capazes de escolher as características e recompensas que desejam. Não sei se concordo. O risco é que alguns vendedores façam a escolha errada e se arrependam. A companhia também pode lhes pagar mais do que precisa.

A maioria das companhias possui o grau certo de "alavancagem" em seus planos de incentivo?

Algumas companhias não entendem de fato como seus planos são alavancados por causa de "vendas gratuitas" – vendas que ocorrem neste ano mas que são devidas a esforço passado no território. Em muitas categorias de produtos, se você vende algo em um ano, há uma alta probabilidade de que terá vendas residuais no ano seguinte sem qualquer esforço. Se um vendedor recebe uma comissão ou um bônus por vendas gratuitas, chamamos isso de "salário oculto", já que é um incentivo pago por algo que é quase automático. Muitas empresas não levam em conta salários ocultos quando projetam seus planos de compensação e definem objetivos. Uma empresa pode pensar que está pagando aos vendedores 60% em salário e 40% em comissões, de modo que as pessoas teriam fortes incentivos para vender. Mas, se os vendedores tiverem muitas vendas gratuitas, eles podem na verdade estar recebendo 85% em salário e 15% em comissões, o que representa um incentivo menor.

Você já argumentou que muitos planos de compensações de vendas são complicados demais. Por que as companhias favorecem a complexidade?

Esse é um problema sério de muitos planos. Já vi planos que possuem diferentes pagamentos para até 28 objetivos diferentes. Isso acontece porque múltiplos gerentes de mercado precisam captar a atenção da equipe de vendas para suas marcas. Mas as pessoas não conseguem se concentrar em tantas coisas assim – quatro ou cinco objetivos são o máximo que se pode estabelecer e qualquer característica que afete menos de 15% do pagamento de incentivo de alguém provavelmente será ignorada, pois não é significativa. Algumas pessoas defendem que empresas com um processo de vendas complexo ou muitas ofertas de produtos precisam de um plano de pagamento complexo, mas não acredito que isso seja verdade. A IBM tem um processo de vendas complexo e vende muitos produtos e serviços complicados, mas seu plano de pagamento tem três componentes, que podem ser escritos em um lado de um cartão de visita. É assim que um bom plano deve funcionar.

A qualidade ou a atitude das pessoas que entram no ramo de vendas mudou ao longo de seus anos na área?

Uma equipe de vendas geralmente cobre diferentes gerações com expectativas diferentes em relação ao emprego. Os *millenials* podem querer uma qualidade de vida melhor e mais propósito em seu trabalho. Eles esperam se comunicar bastante e eletronicamente e anseiam por feedback frequente sobre seu desempenho. Os *baby boomers* querem garantir uma aposentadoria confortável. Aqueles no meio dos dois podem estar trabalhando por segurança financeira. Um plano de compensações bem-sucedido precisa acomodar todos esses objetivos.

As companhias deveriam deixar de basear os pagamentos em vendas para levar em conta atividades, como número de visitas feitas?

Não. Na maioria dos setores econômicos, vendedores ganham um bom salário mesmo antes de os incentivos entrarem na jogada. Esse salário está sendo pago por atividade – por número de visitas de vendas. Pagar vendedores por desempenhar as tarefas básicas do trabalho é uma abdicação do gerenciamento; o gerente deve se assegurar de que essas atividades sejam realizadas. Há pelo menos mais duas razões para não se pagar por atividade. Primeiro, é difícil de medir: as pessoas podem relatar os dados só quando for conveniente e se enganar quanto ao que de fato fazem. Segundo, monitorar as atividades vai motivar um aumento na quantidade, mas também um declínio na qualidade.

Você vê problema na desintermediação, ou pouca influência dos vendedores sobre as receitas da empresa?

Sim. Nós a descrevemos usando dois conceitos. O primeiro é causalidade: se você não pode afetar o resultado, não deveria ser recompensado por resultados. Um vendedor de carros de fato faz você comprar um carro ou ele está apenas negociando o desconto e preenchendo a papelada, já que você provavelmente está decidido a respeito do que vai comprar por ter visitado sites antes de ir ao showroom? O outro é mensurabilidade: você pode medir com precisão as vendas e os lucros gerados por um único vendedor? Particularmente em vendas B2B, nas quais grandes equipes de vendas atendem contas nacionais, é difícil medir a contribuição de um indivíduo. Conheci vendedores que dizem não ter ideia de como suas comissões são calculadas, pois são parte de uma equipe e o crédito é dividido por meio de um algoritmo obtuso. Para que incentivos realmente funcionem, você precisa ter causalidade e mensurabilidade individuais, o que está em declínio em muitos setores. Há quem pense que por isso as companhias devem reduzir o pagamento de incentivos. Até agora a maioria das empresas não o fez porque os incentivos estão imbuídos na cultura e as empresas temem que, se os removerem, perderão seus melhores vendedores.

A globalização está mudando a maneira como as empresas pagam seus vendedores?

Algumas empresas globais querem usar o mesmo plano de compensações em todo o mundo. Não consigo imaginar como isso funcionaria. Você vai pagar pessoas nos Estados Unidos, na Tailândia, no México e na Dinamarca da mesma forma? Os sistemas de impostos são completamente diferentes – na Escandinávia, pagamentos de incentivo são muito mais taxados do que o salário, então lá as pessoas seriam penalizadas por um plano de altos incentivos. A China, a Índia e a América Latina preferem planos de maior risco. Dito isso, é útil ter algumas diretrizes e estruturas de incentivos/compensações globais para ajudar equipes locais a fazer boas escolhas sobre como pagar seus vendedores – escolhas que reflitam as necessidades e a cultura de seu mercado específico, mas que também estejam alinhadas ao negócio, às estratégias de compensação e aos valores da companhia.

No decorrer da última década tem havido muita discussão sobre mudanças em metodologias de vendas – por exemplo, a mudança de "venda de soluções" para "venda desafiadora". Isso é importante?

É tudo a mesma coisa – só muda a embalagem. Fico preocupado com o fato de que alguns métodos de vendas sejam prescritivos demais: eles querem inventar uma abordagem que possa ser utilizada com qualquer cliente. Alguns líderes de vendas preferem uma abordagem prescrita porque isso dá a eles a possibilidade de controlar as atividades, mas vendedores não são robôs. Minha visão é que clientes são diferentes e vendedores precisam compreender as necessidades de cada um deles e ter a capacidade de se adaptar. Seria melhor se as empresas focassem mais no que realmente motiva o sucesso em vendas – questões mais abrangentes, como contratação e gerenciamento – em vez de focar no que os vendedores deveriam dizer para fechar um negócio.

Por que gerentes de vendas de campo são tão importantes?

Muitas empresas transferem seus melhores vendedores para cargos de gerenciamento de vendas, mas as habilidades não necessariamente se aplicam ao novo cargo. Gerenciar alguém nunca é fácil. Se eu quiser dizer que você está fazendo uma péssima entrevista, você vai estar pronto para ouvir isso? Algumas pessoas são reativas a críticas; outras são defensivas. Gerentes também precisam trabalhar por meio de um vendedor – eles não têm como efetuar as vendas por conta própria –, e isso pode ser desafiador. Em vendas, o que importa sou eu, o que eu faço. Em gerenciamento, o que importa é você e como eu posso ajudar você a ter sucesso. Bons gerentes capacitam seu pessoal para fazer as vendas. Além disso, gerentes de vendas que são promovidos de dentro em geral são amigos das pessoas que passam a gerenciar, o que torna o trabalho mais difícil. Mas o cargo é extremamente importante. Se você tem um vendedor ruim, isso afeta um território. Se tem um gerente de vendas ruim, afeta o distrito inteiro.

Boa parte do seu trabalho de consultoria envolve usar matemática para otimizar a forma de vender das companhias, mas é impressionante como você fala sobre questões soft – especialmente cultura da empresa – como um motivador de resultados.

Isso é verdade – cultura é muito importante. Os melhores líderes de vendas moldam a cultura adequando comportamentos e contando histórias. Certa vez convidei o vice-presidente de uma companhia de desfibriladores para falar em uma das minhas turmas na Northwestern. Ele chegou parecendo muito cansado. O fato é que ele passara a noite inteira viajando por Chicago em uma ambulância, pois queria ver como os consumidores usavam seus produtos. Isso ilustra seu comprometimento em ouvir clientes. Histórias assim ficam conhecidas. Culturas têm a ver com escolhas – a cultura leva você a fazer isso ou aquilo. O plano de compensações é parte da cultura – ele está dizendo às pessoas quais escolhas a companhia quer que elas façam. Dito isso, acho que análise de vendas é importante sobretudo na era dos *big data*.

As startups de tecnologia gerenciam bem suas equipes de vendas?

Muitas precisam de ajuda. Muitas delas contratam líderes que são pessoas muito inteligentes mas possuem pouquíssima experiência em vendas. Elas se concentram em fazer tudo muito rápido e, se não funcionar, a ideia é simplesmente consertar mais tarde. Liderar uma equipe de vendas exige compreender o sistema de vendas, e em novos setores e novas companhias costuma haver muito pouco disso. É muito difícil que a estratégia de consertar mais tarde dê certo.

Alguns especialistas em inovação apontam vendedores como uma fonte importante de ideias. Existem empresas que os usam dessa maneira?

Os vendedores não vão desempenhar esse papel a menos que você tenha sistemas para capturar essa informação. Gerar ideias não é natural ou inerente ao que eles fazem. Mas eles de fato reúnem informações e as empresas deveriam elaborar procedimentos para descobrir o que eles estão ouvindo dos clientes.

O número de vendedores vai diminuir por causa da tecnologia e do autosserviço?

As pessoas previram isso antes, e estavam erradas. Estamos ouvindo essas previsões de novo. O trabalho de vendas certamente vai mudar. As companhias vêm usando mídias sociais, videoconferências e webconferências ou webinars para se conectar com clientes e com clientes em potencial. Haverá mais televendas e trabalhos de vendas internos, e mais cargos de contas nacionais ou de contas principais. Em muitos setores, pode haver menos venda cara a cara. Mas o vendedor precisa continuar sendo o capitão, no controle da interação. Esse continuará sendo o papel dele. No mundo dos negócios, nada acontece até que uma venda seja feita, e a maioria dos trabalhos envolve algum tipo de venda. Como professor, estou vendendo ideias. Vender é ser curioso e tentar ajudar as pessoas. É um papel que precisa ser executado em lugares inesperados. Eu passei por uma cirurgia de substituição de joelho e havia um cara de vendas na sala de operações assegurando que o médico usasse os instrumentos certos. Esse é um trabalho bastante importante, não é?

Considerações finais?

Sabe, não é apenas uma questão de incentivos. O gerenciamento ocorre por meio da cultura. Por meio de gerentes. O gerente define tamanhos, estruturas, projetos de territórios, treinamento e contratação – existem muitas decisões que motivam a eficiência da equipe de vendas. Existe essa ideia de que, a menos que você invista algum dinheiro nisso, você não obterá nada de alguém – que as pessoas são motivadas por dinheiro. Precisamos construir um novo paradigma.

Publicado originalmente em abril de 2015.

Autores

ANDRIS A. ZOLTNERS é professor de Marketing na Kellogg School of Management, da Northwestern University em Evanston, Illinois. Ele também é copresidente da ZS Associates, uma empresa global de consultoria de negócios baseada em Evanston. Zoltners, Sinha e Lorimer são autores de três livros sobre gerenciamento de equipes de vendas.
ANNA BIRD é diretora de pesquisa estratégica da CEB Marketing.
BRENT ADAMSON é gerente administrativo da Corporate Executive Board.
DOUG J. CHUNG é professor-assistente de Marketing na Harvard Business School.
HOMAYOUN HATAMI é sócio da McKinsey em Paris e coautor de *Sales Growth: Five Proven Strategies from the World's Sales Leaders* (Crescimento de vendas: cinco estratégias comprovadas dos líderes mundiais de vendas; Wiley, 2012).
JAMES A. NARUS é professor de Administração na Wake Forest University.
JAMES C. ANDERSON é o professor de Marketing e Distribuição por Atacado na Kellogg School of Management, da Northwestern University.
KARL SCHMIDT é gerente de práticas da CEB Marketing.
MANISH GOYAL é sócio da McKinsey em Dallas.
MARC WOUTERS é professor de Contabilidade Administrativa no Instituto de Tecnologia de Karlsruhe, na Alemanha, e na Universidade de Amsterdã, na Holanda.
MARK ROBERGE é diretor de receitas da HubSpot, uma empresa de marketing de atração, ou *inbound marketing*, baseada em Boston. "O jeito certo de usar compensações" é adaptado de seu livro *The Sales Acceleration Formula* (A fórmula de aceleração de vendas; 2015), com permissão de sua editora, Wiley.
MARYANNE Q. HANCOCK é sócia da McKinsey em Atlanta.
MATTHEW DIXON é diretor executivo da Corporate Executive Board.
NEIL RACKHAM é professor visitante na Universidade de Portsmouth, na Inglaterra, autor de *Alcançando excelência em vendas* (Mbooks, 2008) e coautor de *Rethinking the Sales Force* (Repensando a força de trabalho de vendas; McGraw Hill, 1999).
NICHOLAS TOMAN é diretor de pesquisa da Corporate Executive Board.
PHILIP KOTLER é professor de Marketing Internacional na Kellogg School of Management, da Northwestern University.
PRABHAKANT SINHA é copresidente da ZS Associates.
SALLY E. LORIMER é consultora de marketing e vendas e escritora de administração. Mora em Northville, Michigan.

SUJ KRISHNASWAMY é fundadora e diretora da Stinsights (www.stinsights.com), uma empresa de estratégia de negócios e de pesquisa de mercado especializada na interface vendas-marketing com base em Chicago.

THOMAS V. BONOMA foi professor de Marketing na Harvard Business School, em Boston, e fundou a Renaissance Cosmetics em Stanford, Connecticut. Ele escreveu vários livros, além de artigos para a *HBR*.

CONHEÇA OUTROS TÍTULOS DA
COLEÇÃO HARVARD 10 LEITURAS ESSENCIAIS

Desafios da gestão

Prepare-se não apenas para lidar com as transformações, mas para liderá--las.

As mudanças são uma constante no trabalho e precisamos nos adaptar para não ficarmos obsoletos. Mas alguns desafios permanecem os mesmos, e é isso que torna este livro tão valioso.

Selecionados pela *Harvard Business Review*, os 10 artigos desta edição apresentam com objetividade e clareza os conceitos fundamentais para entender o mundo dos negócios e, sobretudo, gerar transformações significativas e os melhores resultados.

Você irá beber na fonte e aprender com Michael Porter sobre vantagem competitiva, com Daniel Goleman sobre inteligência emocional, com Peter F. Drucker sobre como gerenciar a própria carreira, com Theodore Levitt sobre marketing e com Clayton M. Christensen sobre inovação disruptiva.

Este livro também vai lhe mostrar como:

- usar a inteligência emocional para melhorar seu desempenho
- avaliar seus pontos fortes e fracos para gerir sua carreira
- entender quem são seus clientes e descobrir o que desejam
- estimular a inovação em empresas tradicionais
- criar vantagem competitiva e distinguir sua empresa da concorrência
- criar um plano para realizar mudanças

Gerenciando pessoas

Mais que um chefe, seja o líder de que seus funcionários precisam.

Gerenciar pessoas é uma tarefa extremamente desafiadora, mesmo para quem já tem alguma experiência. Este livro vai ajudar você a lidar com esses desafios.

Se você não tiver tempo para ler mais nada sobre como gerenciar pessoas, leia estes 10 artigos. Eles foram selecionados pela *Harvard Business Review* entre centenas de textos publicados para maximizar o desempenho e a satisfação de sua equipe.

São textos ricos e transformadores, escritos com clareza e objetividade por professores e pensadores que se tornaram referências mundiais pela qualidade de suas pesquisas e a força de suas ideias.

Este livro vai inspirar você a:

- adequar seu estilo de gestão à necessidade de seu pessoal
- motivar dando mais responsabilidade e não mais dinheiro
- ajudar os gestores e líderes de equipe de primeira viagem
- desenvolver confiança pedindo a opinião e a colaboração dos outros
- ensinar pessoas inteligentes a aprender com os próprios erros
- desenvolver equipes de alta performance
- gerenciar o seu chefe

Gerenciando a si mesmo

O caminho para uma carreira bem-sucedida começa por uma autoanálise sincera.

Que critérios pautarão sua vida?

A pergunta que serve de título para o celebrado texto de Clayton M. Christensen que abre este livro revela a profundidade e a contribuição das ideias que você encontrará aqui.

Selecionados entre os mais relevantes da *Harvard Business Review*, os artigos de *Gerenciando a si mesmo* apresentam conceitos que farão você encarar os desafios pessoais e profissionais com clareza, objetividade e sabedoria.

Eles o ajudarão a traçar uma estratégia para sua vida e a investir seu tempo, sua energia e seu talento de acordo com seus objetivos maiores.

Você também irá aprender a:

- renovar sua energia física e mental
- reduzir a dispersão e a agitação frenética
- espalhar energia positiva em sua organização
- recuperar-se de momentos difíceis
- conectar-se a seus valores profundos
- solicitar feedback honesto
- buscar o equilíbrio entre trabalho, família, comunidade e suas próprias necessidades
- delegar e desenvolver o espírito de iniciativa das pessoas

Inteligência emocional

Os líderes mais competentes têm um ponto crucial em comum: elevado grau de inteligência emocional.

Em seu trabalho definitivo sobre inteligência emocional, Daniel Goleman explica que ela é duas vezes mais importante que as demais habilidades na formação de um líder excepcional.

Se você não tiver tempo para ler mais nada sobre inteligência emocional, leia estes 10 artigos escritos por especialistas no assunto. Eles foram selecionados pela *Harvard Business Review* entre centenas de textos publicados com o objetivo de ajudar você a aprimorar suas habilidades, melhorar os relacionamentos e garantir seu sucesso profissional.

Aprenda com este livro a:

- monitorar e canalizar seu humor e suas emoções
- tomar decisões inteligentes e empáticas envolvendo pessoas
- gerenciar conflitos e ajustar as emoções dentro da equipe
- reagir a situações difíceis com resiliência
- compreender melhor seus pontos fortes e fracos, suas necessidades, seus valores e suas metas
- desenvolver agilidade emocional

Para novos gerentes

Se você acabou de se tornar líder de uma equipe, estes 10 artigos serão de extrema utilidade.

Selecionados pela *Harvard Business Review*, eles apresentam com objetividade e clareza os conceitos fundamentais da liderança e da gestão para elevar o desempenho de seus colaboradores a outro patamar.

São textos ricos e transformadores, escritos por professores e pensadores que se tornaram referências mundiais pela qualidade de suas pesquisas e a força de suas ideias.

Este livro vai inspirar você a:

- desenvolver sua inteligência emocional
- influenciar os colegas por meio da ciência da persuasão
- avaliar a equipe e elevar seu desempenho
- melhorar o relacionamento com colaboradores, chefes e pares
- fazer networking para alcançar metas profissionais e pessoais
- obter apoio dos superiores
- ver o quadro mais amplo ao tomar decisões
- ajudar a equipe a alcançar o equilíbrio entre trabalho e vida pessoal

Desafios da liderança

Se você acha que não tem a personalidade ou o carisma necessários para se tornar um grande líder, *Desafios da liderança* mostrará que as verdadeiras habilidades de liderança podem ser adquiridas e aperfeiçoadas.

Com artigos de Jim Collins, Daniel Goleman, Peter Drucker, John Kotter, Peter Senge e outros grandes pensadores do mundo empresarial, você vai aprender a:

- desenvolver a autoconfiança de sua equipe
- provocar mudanças positivas
- definir uma direção
- motivar os outros a alcançar a excelência
- extrair força das adversidades
- encorajar a tomada inteligente de riscos
- dar crédito a outras pessoas pelo seu sucesso
- gerenciar com empatia
- aumentar a autoconsciência das pessoas

Lições de estratégia

A estratégia é um componente fundamental do sucesso de uma empresa, mas nem sempre se traduz em melhores resultados.

Elaborar uma estratégia coerente e vencedora é apenas o primeiro passo. Sem uma execução eficiente, que envolva os colaboradores de todos os níveis hierárquicos, nenhuma organização consegue ir muito longe.

Com este livro, você vai aprender a:

- deixar bem claras suas prioridades
- determinar os objetivos da sua organização
- diferenciar sua empresa da concorrência
- elaborar uma visão com valores sólidos diante de um futuro incerto
- criar oceanos azuis, espaços de mercado prontos para o crescimento
- avaliar seu modelo de negócios

CONHEÇA OS TÍTULOS DA *HARVARD BUSINESS REVIEW*

COLEÇÃO HARVARD
10 LEITURAS ESSENCIAIS:

Desafios da gestão
Gerenciando pessoas
Gerenciando a si mesmo
Para novos gerentes
Inteligência emocional
Desafios da liderança
Lições de estratégia
Gerenciando vendas

COLEÇÃO HARVARD
UM GUIA ACIMA DA MÉDIA:

Negociações eficazes
Apresentações convincentes
Como lidar com a política no trabalho
Faça o trabalho que precisa ser feito
A arte de dar feedback

Para saber mais sobre os títulos e autores da Editora Sextante,
visite o nosso site e siga as nossas redes sociais.
Além de informações sobre os próximos lançamentos,
você terá acesso a conteúdos exclusivos
e poderá participar de promoções e sorteios.

sextante.com.br